Erich Haenel

Spätgotik und Renaissance

Erich Haenel

Spätgotik und Renaissance

ISBN/EAN: 9783742870155

Hergestellt in Europa, USA, Kanada, Australien, Japan

Cover: Foto ©ninafisch / pixelio.de

Manufactured and distributed by brebook publishing software (www.brebook.com)

Erich Haenel

Spätgotik und Renaissance

Spätgotik und Renaissance

Ein Beitrag

zur

Geschichte der deutschen Architektur

vornehmlich im 15. Jahrhundert

von

Erich Haenel

Mit 60 Abbildungen im Text.

STUTTGART.
PAUL NEFF VERLAG.
1899.

Meiner Mutter.

Die erste Anregung zu dieser Arbeit gab eine im Jahre 1897 von der philosophischen Fakultät der Universität Leipzig gestellte Preisaufgabe. Je näher ich mich mit dem Thema vertraut machte, je schärfer ich die Bedeutung des ausgehenden 15. Jahrhunderts für die Entwicklung der deutschen Architektur erkannte, desto mehr machte sich, über den Rahmen einer stilgeschichtlichen Untersuchung hinaus, ein Eingehen auf die allgemeinen künstlerischen Gesetze des architektonischen Schaffens notwendig. Es musste der Versuch gemacht werden, im Wesentlichen von dem subjektiven Empfinden ausgehend in das Verständnis jener Zeit, wie sie sich in den Werken der Baukunst darstellt, einzudringen, die moderne Persönlichkeit möglichst frei von historischen Vorurteilen jenen Schöpfungen gegenüberzustellen. Wenn man diesen Standpunkt überhaupt in der kunsthistorischen Forschung für berechtigt hält, wird man auch den Weg der Betrachtung verstehen, den ich zu gehen versuche, und die Resultate, zu denen ich gelange, als ehrlich gefundene gelten lassen.

Die Illustration im Text, die heute selbst das „wissenschaftlichste" Werk nicht mehr zu scheuen braucht, bringt von dem allergrössten Teil der besprochenen Baudenkmäler wenigstens den Grundriss, dann, wenn möglich, einen Schnitt und eine Innenansicht. Dass letztere nicht stets und oft nicht in der erwünschten Vollkommenheit zu beschaffen war, liegt im Wesentlichen an der bisherigen Art der kunsthistorischen Untersuchung, die der Schöpfung des Raumbildes nur zu oft neben der Erscheinung des Äusseren, Gliederung des Baus u. s. w. erst den zweiten Platz einzuräumen pflegt.

Für vielfache Anregung und Unterstützung sage ich Herrn Prof. Dr. August Schmarsow in Leipzig ergebensten Dank. Ebenso bin ich der Verlagshandlung für ihr freundliches Entgegenkommen bei der Ausstattung dieses Büchleins zu bestem Danke verpflichtet.

Dresden, Juni 1899.

E. Haenel.

Inhalt.

	Seite
Einleitung	1— 9
Süddeutschland	10— 41
Norddeutschland	45— 56
Sachsen	57—103
Spätgotik und Renaissance	101—114
Litteratur	115—116

Einleitung.

Wenn es gilt, eine bestimmte Periode der Kunstgeschichte einer Betrachtung zu unterwerfen, so muss es die erste Aufgabe sein, den Namen oder überhaupt die traditionelle Bezeichnung, unter der ebendiese Periode in der Kunstgeschichte geht, näher zu untersuchen. Unter dem Ausdruck „Spätgotik" pflegt man gemeinhin diejenige Periode der Architektur zusammenzufassen, welche die zeitlich letzte Phase gotischer Architektur überhaupt, und speziell diejenige Zeit in sich begreift, in der eine Veränderung des gotischen Stils nach bestimmten Richtungen hin zu bemerken ist. Die Litteratur, soweit sie sich überhaupt daran gemacht hat, das Wesen dieser Periode zu analysieren oder kritisch darzustellen, hat sich mit dieser Aufgabe mit sehr verschiedenem Erfolge abgefunden.

Schnaase's Darstellung umfasst, dem Titel seines 9. Buches nach, die Spätzeit des Mittelalters, vom Anfange des 14. Jahrhunderts bis zur Blüte der Eyck'schen Schule; die Kapitel 4—6 dieses Buches, S. 73—343 sind der Architektur gewidmet. Das Schwergewicht seiner Übersicht liegt, um dies gleich festzustellen, im 14. Jahrhundert, in einem Zeitabschnitt also, in dem der Stil, nach der vergangenen wie nach der folgenden Periode hin, durch einen grösseren zeitlichen Zwischenraum von der Berührung mit einer andersartigen Stileinheit getrennt war.

(Er selbst spricht zwar, bei dem Rückblick auf seine Darstellung der deutschen Architektur, nur vom 14. Jahrhundert, greift aber oft in das 15. Jahrhundert über; vergl. S. 259 Amberg, S. 267 Landshut, S. 313 Königsberg, S. 314 Stendal u. a.).

Nachdem er die Höhe der künstlerischen Technik, die Fülle der neuen, anregenden Aufgaben besprochen hat, führt er die Modifikation des Überlieferten nach zwei verschiedenen Richtungen aus. Einerseits gab die Geometrie eine Neigung zu komplizierten und gelehrt erscheinenden Verbindungen, und verleitete, hier wie in der Wissenschaft, zu „trockener Pedanterie und geschmackloser Überladung". Auf der andern Seite steigerte die Gefühlsrichtung jener Zeit die ihr in dem Vertikalismus verwandten Züge: die schlanke Eleganz der feinen Glieder, ihr überschwängliches Aufstreben und besonders endlich ihr weiches Neigen und Biegen (S. 75). Im Anschluss an die erste Richtung spricht er S. 79 von der „abstrakten Regelmässigkeit", die allein jene Generation kannte, S. 82 von dem Behagen an geometrischer Künstelei, in dem man die architektonischen Gedanken des Vertikalismus oft mehr als billig vergass. Der Erfolg aller Neuerungen erschien den Zeitgenossen als ein glänzender, als ein Totalbild von reichster Lebensfülle und entzückender Anmut (S. 87). Bei dieser Gelegenheit kommt Schnaase auf dasselbe Problem zurück, das er schon im Beginn dieser, die Architekturgeschichte einleitenden Betrachtung charakterisiert: die Anwendung der Gotik als des kirchlichen

Stils auf den Profanbau. Schon dort (S. 73) erkennt er die Notwendigkeit einer neuen, erfindenden oder übersetzenden Thätigkeit an; im Verlauf der folgenden Untersuchung kommt er indess zur Erkenntnis der Gotik als eines Vertikalstiles — eine Erkenntnis, deren immer stärkere Verbreitung in jener Zeit er besonders hervorhebt — betont also gerade diejenige Eigenschaft der Gotik, die sie für den Stockwerkbau besonders ungeeignet macht, und kommt damit von der Lösung des Problems mehr und mehr ab. (S. 73 setzt er selbst die „hochschwebenden Gewölbe" und das Strebesystem, also die Hauptfaktoren des Vertikalsystems, in Gegensatz zu den Zwecken des Profanbaus). Wenn Schnaase S. 74 behauptet, dass man „damit ein Mittel habe — nämlich mit der Erkenntnis, dass der neue Stil auf dem Vertikalschema beruhe — den kirchlichen Stil auf Aufgaben aller Art zu verwenden", so ist das also weder hier logisch noch überhaupt wahr. S. 87 dann gesteht er selbst, „dass die Anwendung der grossartigen Formen des kirchlichen Stils auf die gehäuften, niedrigen Stockwerke weltlicher Gebäude doch einen gewissen Zwang auflegte" und geht auf die Ausartung der Architektur in eine Scheinkunst weiter ein: „man war auf eine abschüssige und gefährliche Bahn geraten", nachdem er schon oben gesagt hat: „die Auflösung der Massen, die zunehmende Weichlichkeit der Linien, die Künsteleien, in denen die Meister sich überbieten: alles droht, den architektonischen Ernst, die Harmonie des Ganzen zu zerstören". Die ganze Darstellung gelangt kaum zu einer Präzisierung des Ausdrucks „Spätgotik", geschweige denn zu einer Definition ihres Wesens: überall bleibt es bei Ansätzen, abgesehen davon, dass Schnaase das Material nur im Allergrössten verwendet. Auf das psychologisch Eigenartige der neuen Raumbildung wird nirgends eingegangen; die übliche, nach zwei Seiten ausgeführte Charakterisierung ist im Einzelnen nicht einmal immer vollkommen belegt.

Kugler (Handbuch der Kunstgeschichte) teilt die gesamte Gotik in vier Perioden ein; im 15. und 16. Jahrhundert erkennt er eine „merkwürdige Entwicklung" (S. 182). S. 8: „Zumeist nur das Dekorative hält noch spielend an den kunstreichen Kombinationen der früheren Zeit fest". S. 182: „Jene flüssigere Form musste bald zu Willkür, zum Übermut und dieser zur Entartung führen". Jene oben erwähnte in zwei Richtungen besonders bemerkbare Entartung charakterisiert er S. 183 deutlich: „auf der einen Seite ornamentale Überladung, auf der andern Nüchternheit und Monotonie", und dann weiter „ein Haschen nach neuen, pikanten Effekten, ein Übertreiben des einfach Malerischen, andererseits eine handwerksmässige Nüchternheit, eine frostige, mechanische Handhabung der Technik", welche die Auflösung der Gotik herbeiführten. Die deutsche Spätgotik speziell zeigt überwiegend einen nüchternen Charakter: ihre Werke nehmen meistenteils das Hallenschema auf und zeichnen sich in der Regel nur durch weiträumige Anlage u. s. w. aus (S. 183). Interessant ist Kugler's Bemerkung, dass die Gotik vorher oft mancherlei antikisierende Elemente in ihren Formenkanon aufnimmt. — In seiner „Geschichte der Baukunst" ist Kugler's Darstellung eingehender, seine Charakterisierung schärfer. Wenn er auch wieder S. 32 in der vierten Periode der Gotik, im 15. Jahrhundert und dem nächstfolgenden Zeitraum, eine Vernüchterung und Entartung des Systems konstatiert, so schliesst er doch daran die Behauptung, dass „in der Erledigung der strengeren Gesetze derselben wiederum neue Kombinationen von eigentümlich charakteristischer Bedeutung zur Erscheinung kommen", nachdem er schon vorher S. 28 ausgeführt hat, dass in der Gesamtentwicklung schliesslich „das Verständige und seine Bewährung im Betriebe des Handwerkes" zum herrschenden Element geworden sei. Die Erfordernisse des Profanbaus sind S. 36 dargestellt und die Umwandlung der gotischen Formenreihe im Dienst des praktischen Baues angedeutet, freilich ohne dass Kugler die umgeänderte Geistesart der Raumanschauung irgendwie verfolgt. Dass der Kirchenbau in der Schlusszeit des Stiles manches von diesen besonderen, umgestalteten Formen für seine Zwecke aufnehme, ist eine Beobachtung, die wir hier zum erstenmale antreffen. Weiter wird die Periode von der Mitte des 14. Jahrhunderts an doch wieder als eine Zeit der Nachblüte bezeichnet. S. 308: „neben der Ernüchterung, der oft kalten Strenge der baulichen Hauptteile entfaltet sich an selbständigen Schmuckwerken vielfach der üppigste Formenreichtum". — Nach allen diesen Ansätzen wird in der Behandlung der Denkmäler im einzelnen ihrer Bedeutung doch selten volle Rechnung getragen, besonders was die Raumbildung anlangt, vergl. z. B. S. 347 die Erwähnung der Kreuzkirche in Gmünd. Von der gewöhnlich angewandten Terminologie hält sich Kugler mit wenigen Ausnahmen fern. Seine Charakteristik des Profanbaus bleibt meist am Äusserlichen haften, mit Ausnahme etwa bei den preussischen Bauten. Eine Definition des Begriffs „Spätgotik" findet sich nirgends.

Ungefähr im Sinne der Kugler'schen Auffassung, aber weniger eingehend und weniger scharf-kritisch verfährt

Lübke (Geschichte der Architektur. II. B.) bei der Behandlung der gotischen Periode. Nach ihm (S. 4) „währt die edelste Blüte kaum bis gegen die Mitte des 14. Jahrhunderts: von da dringt ein Geist der Auflösung in die gotische Architektur, ein Spielen mit den Formen beginnt, die Dekoration besiegt die Konstruktion und unter diesem Einfluss entarten die Formen bald". Wie bei den andern Ländern unterscheidet er auch bei Deutschland „drei Hauptepochen", entsprechend den drei Jahrhunderten. S. 116: der strenge Stil im 13., der freie Stil im 14., der dekorative Stil im 15. und bis ins 16. Jahrhundert. Charakteristisch für diese letzte Epoche ist ihm, „dass in demselben Masse, wie das Dekorative in einseitigem Streben gepflegt wird, die Gesamtanlage, Verteilung der Räume, der Kern des Baues nüchterner wird". Auf diese Gesamtanlage u. s. w., den Kern des Baues geht er nun freilich nicht weiter ein, sondern verfolgt die Entwicklung der Dekoration, die sich immer mehr von der konstruktiven Grundlage emanzipiert und zuletzt mit völliger Erschöpfung endigt. Also auch hier kein Versuch, dem Wesen der Spätgotik kritisch näherzutreten. Die Profanarchitektur bedeutet für L. unter anderem (S. 36) „eine Glanzepoche der Architektur", soweit sie auf der städtischen Entwicklung beruht; die Darstellung des gotischen Wohnhaus (S. 39) ist ein charakteristisches Beispiel für die Art seiner wissenschaftlichen Untersuchung, die das Bauwerk von Aussen nach Innen konstruiert. Lübke fängt in seiner Darstellung bei der Fassade an und dringt erst allmählich in die innere Anordnung der Räume ein. Über die notwendig veränderten Raumerfordernisse und den Widerspruch zwischen dem Prinzip der Gotik und den praktischen Anforderungen, wie wir ihn schon bei Schnaase gesehen haben, ist hier kein Wort vorhanden. Seine Charakteristik des gotischen Profanbaus in Deutschland beschränkt sich S. 172 im Wesentlichen darauf, dass die Bauten den Eindruck grösster Mannigfaltigkeit geben. Dem folgt eine Aufzählung der wichtigsten Monumente.

Bei Dohme (Geschichte der deutschen Baukunst) wird die Bedeutung der sächsischen Spätgotik, der Aufschwung, den das System in diesen Bauten noch einmal genommen hat, zum erstenmale ins rechte Licht gestellt. Eine genaue Einteilung der Gesamtentwicklung in drei oder vier Perioden kommt bei ihm nicht vor, ebensowenig die übliche Terminologie in Bezug auf die Baukunst des 15. und 16. Jahrhunderts. Zwar spricht er bei Gelegenheit der Formenbehandlung von „Ernüchterung des künstlerischen Empfindens, Totlaufen der ganzen bisherigen Entwicklung" (S. 86), dann S. 206 von einer am Ende des 15. Jahrhunderts „durch den damals herrschenden Naturalismus erzeugten wilden Lust, alle möglichen Bauteile zu biegen und zu schwingen", das ist aber auch das Einzige, woraus wir nach seiner Darstellung auf eine Entartung des Stiles schliessen. So wertvoll uns seine Erwähnung der Architektur in Sachsen ist, so sehr vermissen wir genauere Angaben über Entstehung und Entwicklung dieser charakteristischen und selbständigen Periode. — Nicht nur vier, sondern sogar fünf Perioden der Gotik unterscheidet Lotz („Kunsttopographie Deutschlands"). Den Zeitraum, der hier besonders ins Auge gefasst ist, nehmen bei ihm die letzten drei seiner Perioden ein: von 1350 bis circa 1420 ein „Herabsinken", von 1420—1500 reicht die eigentliche „spätgotische Periode": „die Bauwerke zeigen eine oft übertriebene Höhe, in Mass- und Laubwerk finden sich vielfach gesuchte, unschöne und trockene Formen". In der fünften Periode, die tief in das 16. Jahrhundert hineinreicht, versinkt der Stil teils in „Nüchternheit mit romanischem Ansehen, teils in monströses Wesen". Von der gotischen Profanbaukunst wird nur erwähnt, dass sie sich „in den Details eng an die kirchliche anschliesst".

Auch Otte („Handbuch der Kunstarchaeologie") hat über die Spätgotik wenig Günstiges zu sagen. Nach dem „frühen, strengen" und dem „ausgearbeiteten, edlen" folgt bei ihm der späte, entartende Stil im 15. und 16. Jahrhundert. Wie durch die beiden ersten Perioden, zieht sich auch durch diese eine Zweiteilung der Bauweisen: erstens eine reichere, und zweitens eine einfachere Art: erstere verfällt leicht in eine spielende Dekoration, letztere in Trockenheit der Behandlung. In der letzten Periode, der spätgotischen, machen sich allerlei willkürliche Neuerungen bemerklich, die in den Prinzipien des Stils nicht begründet, zuweilen jedoch nicht ohne Reiz sind: entweder eine übertriebene Schlankheit, oder ein schwerer Charakter des trockenen oder überladenen Ganzen tritt ein, und neben einer Verflachung der Formen eine immer stärker werdende Disharmonie der Teile. (S. 276—277). Das Neue, das in der Raumidee des spätgotischen Systems liegt, ist also auch hier vollständig übersehen.

Im Gegensatz zu dieser rein historischen Auffassung, wie sie Lotz und Otte vertreten, die in der Spätgotik nur eine Entartung der Gotik sehen, erkennt Göller („Die Entstehung der architektonischen Stilformen") in der betreffenden Periode „eine schöne Nachblüte des gotischen Stils, deren Werke heiterer, phantasiereicher und in den Einzelheiten interessanter sind als die vorangegangenen und schon die Nähe des fröhlichen dekorativen Geistes der Renaissance verkündigen". (S. 279.) An den Gewölben, Helmen, Mauerbogen, Fenstern und Thüren, Wimpergen und Giebeln konstatiert er „glückliche Neuerungen", während in anderer Beziehung der Stil (S. 284) „dem Herabsinken und endlich der Barockperiode und Erstarrung entgegengeht". Den Verfall sieht er besonders in zwei Momenten: dem „Anschiessen der Lust an die Stütze" und der „Verschneidung zweier sich kreuzender Gesimszüge", beide resultierend aus dem Fortschreiten in der Verdrängung römischer Formgedanken. Die Spätgotik „drängte zum selben abstrakten Charakter, wie ihn die arabische Architektur von Haus aus schon besass". (S. 287) „die letzten Neuerungen der Gotik sind entschieden barocker Natur"; dazu kommt (S. 289) „in allen Formen eine allmählich fortschreitende Abnahme der Masse, eine Verschärfung der Kontraste des Vor- und Zurücktretenden, ein stärkeres Auszacken und Einschneiden der Umrisse". Als Gesamtresultat ergiebt sich schliesslich: „es war hohe Zeit, dass der neue Formenstrom hereinbrach". — Also auch hier, noch einer günstigen und treffenden Charakterisierung, das alte Hängenbleiben in dem „barocken" Formenkram und kein Versuch einer näheren Erklärung der durch den ganz richtig dargestellten Formenwandel herbeigeführten Raumumgestaltung.

Versucht man, allein auf Grund der vorhandenen Litteratur, deren Hauptvertreter in ihrer Stellung zu unserer Periode hiermit charakterisiert seien, sich ein Bild von dieser Periode zu schaffen, so ist zuerst Eines ersichtlich: als terminus ad quem wird allgemein der Zeitpunkt des ersten Auftretens von Renaissanceformen in Deutschland angesehen und zwar des Einbruchs von Elementen der italienischen Renaissance. Bis 1530 etwa treten an den verschiedensten Punkten Deutschlands Kunstwerke auf, die in irgend einer Weise die aus Italien übernommenen formalen Elemente zu verarbeiten suchen; von diesem Zeitpunkte an weicht die noch unklare, verständnislose Nachbildung von allerhand Vorlagen oft der eigentümlichsten Art einem intensiveren und stetigen Eindringen in die neue Welt der künstlerischen Anschauung, und wir bemerken ansehnliche Spuren einer selbständigen Umbildung des fremden Stoffes. Am Ende des zweiten Viertels des 16. Jahrhunderts erscheint der alte Stil im Grossen von den neuen Formen verdrängt. Bis in diese Zeit also wird die Geschichte des der Renaissance vorangehenden Stiles reichen, den wir „Spätgotik" nennen. Schwieriger ist es, den Zeitpunkt festzustellen, mit dem die Herrschaft dieses Stils — nach der herkömmlichen Meinung — einsetzt. Bei der üblichen Teilung der Gotik als einer in sich einheitlichen Stilperiode in drei Phasen, Frühgotik, Hochgotik oder Blütezeit der Gotik und Spätgotik pflegt man die erste bis in die zweite Hälfte oder den Schluss des 13. Jahrhunderts zu führen, der Hochgotik das 14. Jahrhundert zuzuweisen, und die dritte Phase, wenn man sie überhaupt mit den beiden ersten auf eine Stufe stellt, mit mehr oder minder genauer Abgrenzung nach jener zweiten hin das 15. Jahrhundert einnehmen zu lassen, bis die Renaissance mit ihrem frischen Leben das Land von dem entarteten und überlebten Stil befreit. Mag man auch über die zeitliche Umgrenzung dieser letzten Periode verschiedene Ansichten haben, mögen auch die einen ihren Beginn ein paar Jahre vor, andere ein Jahrzehnt nach dem Eintritt des 15. Jahrhunderts bestimmen, zweierlei ist doch mit Sicherheit in dem Namen „Spätgotik" ausgesprochen: zum einen, dass man diese Periode künstlerischen Schaffens nur als eine Unterabteilung oder Abzweigung des grossen gotischen Stils ansieht, und zum andern, dass ihr zeitliches Verhältnis zu diesem das hervorstechendste Merkmal ihres Wesens ausmacht. Fasst man die Urteile zusammen, die im allgemeinen die Litteratur über dies Gebiet fällt, so gelangt man etwa zu folgender Charakteristik: es ist diejenige Zeit, in der der gotische Stil sich von seinem wahren Wesen und seinen idealen Zielen abkehrt, seine Kräfte in üppigen dekorativen Leistungen und übertriebenen Konstruktionsversuchen von verstandesmässiger Nüchternheit verzettelt, und endlich, unfähig, den neuen geistigen und künstlerischen Strömungen zu genügen, elend zu Grunde geht, worauf dann die Renaissance zum vollen und lebendigen Ausdruck der neuen Ideale wird.

Eine Untersuchung, die im Rahmen dieser Stilperiode hauptsächlich eine bestimmte lokale Gruppe zum Gegenstand hat, muss vor allem versuchen, den Werdegang des Stiles in seiner Gesamtheit so zu erkennen, dass die Erscheinungen eben dieser Gruppe als ein natürliches Ergebnis der vorausgegangenen Entwicklung und damit auch wieder als die unverrückbare Basis aller späteren Bestrebungen dastehen.

* * *

Seit zuerst aus der Isle de France und der Normandie die gotischen Bauformen sich den Weg nach Deutschland gebahnt hatten, war die Entwicklung dieses Systems auf dem neu eroberten Gebiet völlig konsequent vor sich gegangen. Das Grundprinzip seiner veränderten Raumgestaltung, das Anfstreben nach der Höhe, organisch bewirkt und begründet durch das Überwiegen der tragenden Bauglieder über die bloss füllenden, hatte sich freilich nicht sofort in bewusste Form umgesetzt. Der romanische Stil hatte, nach Grundriss und Aufbau, dem schaffenden Geist des Künstlers den weitesten Spielraum gelassen. Bei der Auflockerung besonders der ornamentalen Formen wurde der Spitzbogen anfangs noch ohne Verständnis für seine struktive Bedeutung willig aufgenommen. Als mit der Erkenntnis, dass bei der alten Bauweise die Grenzen der Grundrissmodifikationen erreicht seien, sich das Streben nach Befreiung aus diesem Zwang verband und damit die Notwendigkeit eines völlig neuen Wölbungsprinzipes herausstellte, bot das französische System die beste Gelegenheit, den Umschwung auch praktisch durchzuführen. Nachdem dann auch die deutschen Baumeister sich die Details des neuen Stiles und vor allem die Gesetze des umgestalteten Grundrisses zu eigen gemacht hatten, ragten bald allerorten die gotischen Pfeiler und Streben empor.

Indem der Stil, bei der höchsten Ausnützung der mechanischen Kräfte des Materials, die Konstruktion zum Ausgangspunkt nahm, und dies Prinzip bis zum äussersten ausbildete, gedieh er zwar in dieser einen Beziehung, dem Entwickeln der gesamten Gliederung im Einzelnen aus den Konstruktionsteilen, zu „klassischer" Grösse, liess aber auf der andern Seite die ästhetische Wirkung und Bewertung des fertigen Gebildes in ganz bestimmter Weise beeinflusst, ja beschränkt erscheinen. Denn weder mit derjenigen Tendenz der Raumbildung, die in der Ausbildung der Höhe den Horizontalismus aus dem System zu verbannen suchte, noch mit derjenigen, die eine eigentliche Charakterisierung des Raumes durch Abschlusswände zu Gunsten einer nur andeutungsmässigen Symbolisierung durch Einzelglieder aufhob, konnte das gesunde Empfinden auf die Dauer in Einklang bleiben. So sehr auch in der Bemessung der Höhendimension das Unbezeichnete, Irrationale als Faktor ästhetischer Wirkung berechtigt ist, so dringend verlangt doch auch das Auge nach der klaren, optisch messbaren und psychologisch verständlichen Abgrenzung des Raumes gerade in der Dimension, bei der das praktische Abmessen, das körperliche Nachleben gleichsam im fühlbaren Verfolg der materiellen Bestimmungsform durch die Natur versagt wird. Und ebenso musste die Konsequenzerscheinung des aufstrebenden Dranges, die Verdichtung der Fläche zur Einzelvertikalen mit möglichster Beschränkung der körperlichen Masse, die Ausscheidung der Wand und ihr Ersetzen durch eine immateriell wirkende Fläche, das Fenster, auf die Dauer mit dem Bedürfnis nach organischer Einheitlichkeit der tragenden und getragenen, der sichernden und der nur füllenden Teile unverträglich sein. Schliesslich, und nicht zum mindesten, machte sich der Gegensatz zwischen der inneren und der äusseren Erscheinung des gotischen Bauwerkes künstlerisch störend fühlbar. Denn erfasste auch der wägende Verstand leicht, dass der konstruktive Apparat des Äusseren nur die notwendige Vorbedingung oder auch Folge der räumlichen Innenkomposition war, so musste doch der ungeheure, sich stets noch steigernde Umfang dieses Apparates als etwas, im Verhältnis zu der zwar gleichfalls gewaltigen, aber doch einheitlichen und erhabenen Erscheinung des Innern durchaus Unangemessenes empfunden werden. Die Dekoration, die diesen Gegensatz verdecken sollte, ging von einem einheitlichen Bildungsprozess, dem der geometrischen Konstruktion, aus, und erhob die Mannigfaltigkeit der Formen zum künstlerischen Gesetz; aber da die formalen Einzelteile nicht organisch waren,[1] d. h. nicht als Lebensäusserungen auftraten, denjenigen gleichartig, welche die lebendigen organischen Geschöpfe bei ihrer mikroskosmischen Thätigkeit und im Konflikte mit der Aussenwelt auszeichnet, — trotz der vielfach auftretenden realistischen Durchführung nach Vorbildern der natürlichen Lebewelt, — trug sie den Keim der Konventionellen, Phrasenhaften von Anfang an in sich. Sie vermochte den natürlichen künstlerischen Anforderungen im Grunde ebensowenig zu genügen, wie der Gesamtkörper der struktiven Masse.

Es kann nach allen diesen Momenten nicht mehr verwunderlich scheinen, dass ein System, das mit so jugendlicher Kraft sich den neuen Boden unterwarf, und so rasch unter dem Einfluss des nationalen Geistes eine neue künstlerische Physiognomie annahm, nach kurzer Zeit schon auf dem Höhepunkt seiner Entwicklung anlangte. Die Ostteile des Kölner Domes, die Katharinenkirche in Oppenheim, das Langhaus des Strassburger und das Schiff des Freiburger Münsters sind die wesentlichsten Monumente dieses Höhepunktes, alle in den Rheinlanden und nicht unberührt von romanisch-französischem Geiste. Ein praktischer Rückschlag gegen das ursprüngliche System erscheint zuerst auf dem Gebiete der Proportionenbehandlung. In der Kunst der Körperbildung, der Plastik, tritt dies ganz besonders charakteristisch auf. Findet sich schon an den Skulpturen in der Vorhalle des Freiburger Münsters ein Zug zu breiterer, realistischer Gestaltung,[2] so bezeichnet die Plastik, die sich unter Karl IV. in Böhmen und im Anschluss an den Prager Dombau entwickelte, (vergl. auch die Statue Karls IV. im Museum zu Berlin[3]) einen noch einschneidenderen Gegensatz zu der langgestreckten und leichtgeschwungenen, wie knochenlosen Art der streng gotischen Körperbildung. Möglich, dass die Beziehungen zu Frankreich auch hier für die stilistische Entwicklung massgebend wurden. Tritt doch in diesem Lande, dessen kultureller und künstlerischer Werdegang damals den deutschen Verhältnissen um mindestens ein halbes Jahrhundert voraus war, schon an die Wende des 13. Jahrhunderts eine ähnliche Tendenz auf,

[1] Semper I.
[2] Vergl. Bode, Geschichte der deutschen Plastik S. 76 u. 79.
[3] Vergl. Bode S. 95.

die dann mit niederländischen Einflüssen verschmolzen in den jüngeren Skulpturen an den Chorschranken von Notre Dame zu Paris weiter ausgeführt wird und schliesslich in den Werken des grossen Dijoner Meisters Claux Sluter, der nun schon ganz Niederländer ist, ihre klassische Ausprägung erfährt. Hier sind die Figuren in ziemlich kleinem Massstab ausgeführt, von gedrungener, wuchtiger Bildung mit individuell-kraftvollem Ausdruck und realistischer Behandlung der Einzelheiten: unverkennbare Produkte einer neuen, selbständigen Kunst, die nur noch ein Schritt von dem künstlerischen Ideal der niederländischen Altmeister des 15. Jahrhunderts trennt.

Dies wurden die Resultate der Entwicklung im Westen. Auf deutschem Boden lässt sich ein Umschlag des Systems bei Werken der Architektur zugleich an zwei verschiedenen Punkten konstatieren. Im Jahre 1351 legte der Meister Heinrich „parlerius de Colonia" den Grundstein der Kreuzkirche zu *Gmünd* in Schwaben: es ist das Geburtsjahr des neuen Stiles. Die Kreuzkirche vertritt den Typus der Hallenkirche, ohne Querschiff, mit Chorumgang und Kapellenkranz um den ganzen Raum: eine eigenartige und wirkungsvolle Verschmelzung des deutschen Hallensystems mit der französischen Choridee. Die ganze Komposition und die Behandlung der Dimensionen lässt die Vermutung berechtigt erscheinen, dass hier ein Einfluss von der niederrheinisch-französischen Schule vorliegt, den ja auch die Benennung des Meisters in gewissem Sinne garantiert.

Gleichzeitig mit dem Bau der Kreuzkirche in *Gmünd* erfolgte die Gründung einer Kirche, die den zweiten Typus der entwickelten Raumkomposition zum erstenmal in voller Reinheit vertritt. 1355—61 erbaute Karl IV. an Stelle der alten Synagoge am Markt zu *Nürnberg* die Kirche unsrer lieben Frau: ein quadratischer Hauptraum mit drei Schiffen und einem schmalen, polygonal geschlossenen Chor. Dohmes Bemerkung (S. 234), das Schiff dieser Kirche sei nach Art der Burgkapellen gebildet, führt uns von dem eigentlichen Baugedanken ab: das Schema, das sich in den Burgkapellen jener Zeit fand, liesse da eher eine zweigeschossige Anlage vermuten. Wir kommen der Frage nach der Entstehung des Motivs wohl näher, wenn wir es in Verbindung bringen mit der Marienkapelle in dem System der französischen Gotik. Die Übertragung wäre dann in der Weise zu denken, dass der weitausladende Chor der französischen Anlage in Deutschland für das breite, in den Dimensionen möglichst gleichmässig entwickelte Schiff vorbildlich wurde, und die schmale, einspringende, die Längenaxe betonende Marienkapelle sich dann als Chor diesem Hauptsaal anschloss. Ein Blick auf den Grundriss der Chorpartie von St. Rémy in Rheims[1]) wird diese Vorstellung erleichtern: schneidet man den Chor, vom Querschiff an, von der Gesamtanlage ab, und ergänzt man die vier im Halbrund angeordneten Kapellen, den beiden westlichen Höhen des Chors entsprechend, zum Rechteck, so ergiebt sich ein Grundriss, in dem der breite Westbau zu dem schmalen Ostteil in ziemlich demselben Verhältnis steht, wie bei der Marienkirche zu *Nürnberg*.

Diese Raumidee, die Centralisierung des Schiffes, führt in der Kirche des Augustinerstiftes Karlshof in *Prag* (1351 gegründet, 1377 der Chor geweiht) dazu, den Gesamtraum als Achteck unter einem riesigen Kuppelgewölbe, dem grössten,

---

[1]) Lübke, Gesch. der Arch. II, 46.

das die Gotik hervorgebracht hat, zu vereinigen.¹) Wenn wir diesen Bau mit Neuwirth u. a. dem Baumeister Karls, dem grossen Peter Parler zuschreiben, so gelangen wir auch zu einer Verbindung der Nürnberger Bauidee zum mindesten mit der künstlerischen Richtung dieses Mannes, der in kurzer Zeit der anerkannte Führer der gesamten architektonischen Entwicklung seiner Zeit genannt werden konnte. Die Verbreitung, welche das in Nürnberg gegebene Schema in der Folgezeit in Süddeutschland fand (vergl. die Marienkirche zu *Würzburg*, die Kirchen zu *Kitzingen*, *Aschaffenburg* u. a.), erklärt sich noch leichter, wenn ein berühmter Name, wie zu jener Zeit der des Prager Meisters, mit dem Urbild in Verbindung gebracht werden konnte. Dass Peter bei den grossen Kathedral- und Stadtkirchen auf das französische Schema mit der reichen Chorgruppe zurückgriff, schliesst eine Verwendung des andern Motivs für bescheidenere Zwecke und intimere Verhältnisse ja nicht aus.

In der Mitte des 14. Jahrhunderts also, wenig mehr als ein Jahrhundert nach dem ersten Auftreten der Gotik in Deutschland, ist das System in zwei Denkmälern schon in einer Weise umgestaltet, die mit den Stilgesetzen der „klassischen" Periode bricht und demnach als der Beginn einer neuen Periode bezeichnet werden kann, obwohl die Formensprache noch dieselbe bleibt, ja in manchen Punkten noch weiter ausgebildet wird.

Nicht so entscheidend wie in Süddeutschland, aber doch deutlich fühlbar zeigt sich auch im Norden die neue Auffassung des Stilprinzips. In Westfalen treffen wir in der Folge eine Reihe von Bauten, die eine ganz ähnliche Modifizierung der stilistischen Grundnormen aufweisen, wie dann in Süddeutschland. Die Bauthätigkeit, die um die Mitte des 14. Jahrhunderts in *Dortmund* rege ist, führt zu Produkten von zwar noch nicht in allen Teilen ausgeglichener, aber in ihren massgebenden Momenten klar ausgeprägter Eigenart. Die Petrikirche, 1319—1353 erbaut, zeigt fast genau dieselbe Anlage, wie die Marienkirche in *Nürnberg*, und in der ebenfalls 1353 vollendeten Dominikanerkirche ist der Grundgedanke, die Gleichstellung des noch einschiffigen Chores mit dem Langhaus, schon ebenso deutlich ausgesprochen, wie in der reiferen Kreuzkirche zu *Gmünd*.

Das gleichzeitige Auftreten der gleichen künstlerischen Anschauungen in den weit von einander entfernten Gebieten lässt zur Begründung dieser Thatsache zwei verschiedene Hypothesen zu. Entweder sind beide Erscheinungen auf ein drittes Vorbild zurückzuführen, unabhängig von einander; in diesem Fall kann als der Sitz dieses Vorbildes nur Frankreich in Frage kommen. Diese Vermutung, im Vorigen schon durch verschiedene Einzelheiten historisch glaubhaft gemacht, bedarf zur wissenschaftlichen Sanktion noch weiterer Bestätigung. Das Zweite ist: dass im Einzelnen ebenfalls unabhängig und selbständig, im Grossen aber einheitlich aus denselben Motiven heraus das System, wie es aus Frankreich ursprünglich übernommen und des weiteren in Deutschland ausgebildet war, sich als ästhetisch unhaltbar und organisch unfruchtbar erwiesen hatte, dass eine Reform nötig war, die, einfach den Gesetzen der natürlichen Entwicklung zufolge, an verschiedenen Stellen zum Durchbruch kam. Im Folgenden ist nachzuweisen, zu welchen Resultaten der Anstoss, einmal gegeben, in den verschiedenen Gebieten führte.

---

¹) Neuwirth, Gesch. d. bildenden Kunst in Böhmen. S. 454—458; Kugler, Gesch. d. Baukunst III, S. 312.

Süddeutschland.

Bei einer Betrachtung der spätgotischen Architektur pflegt man gemeinhin als eines der charakteristischen Merkmale dieser Periode mit anzuführen, dass der Hauptschauplatz baukünstlerischer Thätigkeit in eben jener Zeit nicht mehr in Norddeutschland und den Rheinlanden, sondern in Süddeutschland zu suchen sei.[1]) Lassen wir die Allgemeingültigkeit dieser Behauptung einstweilen dahingestellt, so kann es doch als Thatsache gelten, dass die Architektur, nachdem der entscheidende Schritt auf dem Gebiete neuer Raumgestaltung gethan war, in der zweiten Hälfte des 14. und der ersten des 15. Jahrhunderts in ihrer Entwicklung gerade in Süddeutschland ungemein schnelle Fortschritte gemacht hat. Das Wesentlichste für die architektonische Thätigkeit dieser Zeit hier ist wohl, dass sie aus einer Entwicklung hervorging, die seit dem ersten Auftreten der Gotik vorwärtsgeschritten war und alle Teile des grossen Gebietes ziemlich gleichmässig übersponnen hatte. An der Spitze der gesamten Periode steht, alles überragend und durch die schnelle Vollendung des Turmbaus von der gewaltigsten und volkstümlichsten Wirkung, das Freiburger Münster. Die Peter- und Paulskirche zu Wimpfen im Thal, in den reinsten Formen französischer Stilbehandlung noch vor dem Ende des 13. Jahrhunderts errichtet, konnte im Nordwesten unseres Gebietes vorbildlich wirken, und die Errichtung der Lorenzkirche in Nürnberg wie die Neugründung des Regensburger Domes im Jahre 1273 beweisen, dass in Franken und Bayern der rechte Boden für ein gesundes Wachstum der neuen Bauweise vorhanden war. Die ganze Eigenart des Volkes kam dem entgegen. Lebhaft, heiter und liebenswürdig, mit offnem Sinn für alles Reiche, Zierliche und Wirkungsvolle, dabei thatkräftig und sicher im Denken und Handeln, mochte es in der neuen Kunst leicht eine innere Verwandtschaft empfinden, die wohl ein eifriges Erfassen und Verarbeiten des frischen Stoffes begünstigen konnte. Die Kunst der Rede und des Sanges lag ihnen im Blute und fand auf diesem Boden Vertreter, die das Höchste leisteten, was in den Kräften der Zeit lag. So kam denn die Gotik dem Streben nach plastischer Gestaltung wunderbar entgegen: erst eine äussere Errungenschaft, wurde sie bald zum inneren Eigentum der Nation. Dass gerade der orthodoxe, wenn man so sagen darf, katholische Zug der Gotik, den sie in ihren erhabensten Schöpfungen in sich trägt, hier auf verwandte Elemente stiess, mag hier

Abb. 1. Kreuzkirche in Gmünd.

[1]) z. B. vergl. Kugler, Geschichte der Baukunst, II. 308.

nur erwähnt sein. Hier im Süden hatte die Macht des Clerus die grösste Ausbreitung und allseitigste Verehrung gefunden: Bayern und Schwaben sind die Gebiete, wo sich die Klöster zur höchsten Blüte emporhoben, wo die Bischöfe neben der geistlichen auch auf dem Gebiet der politischen Herrschaft die grössten Erfolge errangen. Als die Städte innerhalb der territorialen und geistlichen Machtsphären zu positiverer Stellung gelangten und immer mehr die eigentlichen Centralstellen der Kulturentwicklung wurden, brauchten sie die Gotik als ein festes Besitzteil in dem Kapital geistiger Errungenschaften aus der früheren Periode nur als Ganzes in ihr Reich herüberzunehmen.

Die bürgerliche Grösse fand ihren schönsten Ausdruck in den neuen Kirchenbauten.

Abb. 2. Kreuzkirche in Gmünd. (Westfassade.)

Die Steinmetzhütten, aus denen diese Werke hervorgingen, entwickelten in ihrer Vereinigung die schöpferischen Individualitäten im Gegensatze zu den im Kleinen arbeitenden, mehr reproduzierenden Handwerkergruppen, deren Organisation sich an die der übrigen gewerblichen Zünfte anschloss.

Dass gerade die Individualität in dem Baumeister jetzt mehr beachtet wurde, beweist die Reihe von Künstlernamen, die uns aus jener Zeit erhalten sind. Die Persönlichkeiten der Meister von Gmünd, der Ensinger, Böblinger und Roritzer treten in festen Umrissen aus der Menge der Baumeister heraus, und sind zum Teil in dem Verlauf ihres Schaffens schrittweise zu verfolgen. Fast möchte man sagen: die individuelle Kraft der Baukünstler jener Tage war stark genug, um nicht nur einen Menschen, sondern eine ganze Generation mit schöpferischem Leben zu erfüllen. Das soll heissen: nicht die Einzelpersönlichkeit, sondern die Familie, eine ganze Kette von thätigen Männern vom Vater bis zum Enkel und Urenkel verkörperte ein künstlerisches Prinzip, das natürlich ursprünglich dem Geiste eines Einzelnen, des Stammvaters, entsprungen war, aber dann mit fast unverminderter Stärke auf den Sohn überging, vom Enkel vielleicht erweitert oder umgestaltet wurde, und erst in der Hand des Urenkels seine Lebenskraft verlor. In der Lehre des Vaters machte sich der Sohn leicht die technischen Geheimnisse zu eigen, die sich andre mühsam in langjähriger Arbeit erwerben mussten; die Gewohnheit der freien künstlerischen Anschauung und die frühe Übung aller handwerklichen Erfordernisse liess ihn so auch bald zu einer höheren Auffassung der künstlerischen Aufgaben durchdringen. Diese Architektenfamilien entsprachen gleichsam dem architektonischen Schaffen jener Zeit in seinem periodischen Fortschreiten, das immer noch zur Vollendung eines Bauwerkes eines Zeitabschnittes bedurfte, der die Lebensdauer eines einzelnen Mannes überstieg. Es war, als ob die Natur sich bewusst sei, dass die künstlerische Begabung Eines Mannes im Strome des geistig-schaffenden Lebens noch zu keiner durchgreifenden Wirkung kommen konnte; sie verteilte die schöpferische Idee auf eine Generation, und verlieh ihr damit die Gewissheit lebendigen Erfolges.

Aus der grossen Zahl von Baudenkmälern, welche die genannte Periode in Süddeutschland hervorbrachte, seien hier nur einige, für die Entwicklung der spezifischen künstlerischen Idee besonders charakteristische hervorgehoben.

An der Spitze steht, wie schon erwähnt, die *Kreuzkirche von Gmünd in Schwaben.*[1]) Heinrich „parlerius de Colonia, magister de Gemunden in Suevia« legte 1351 den Grundstein; er leitete den Bau bis zu seinem Tode 1377, aber 1410 erst erfolgte die Weihung der Kirche. Heinrich ist der Stammvater des berühmten Geschlechtes der Meister von Gmünd, sein grosser Sohn Peter Arler (Parler) wurde als der Baumeister Karls IV. massgebend für die Entwicklung der Gotik in Böhmen. Heinrichs Lebenswerk, die Kreuzkirche in Gmünd, wurde vorbildlich für die Ausbreitung der Hallenkirche in Süddeutschland, und die Bauhütte, die mit ihr verbunden war, gewann als Schule der jüngeren Architekten in weitem Umfang die grösste Bedeutung. Der Raum, den er hier schafft, trägt das Gepräge der konsequenten und sicheren Durchbildung eines Prinzipes, mit möglichster Beschränkung des tektonischen Apparates und der ornamentalen Zuthaten im Innern, während das Äussere, dem jetzt die Türme fehlen, eine Fülle zierlichen und phantastischen Schmuckes in gediegener Pracht entfaltet. Es ist eine ziemlich helle mächtige Halle; die etwas kühle, feine graue Farbe des natürlichen Steines erhält durch den Schein der reichen bunten Fenster hie und da einen wärmeren Ton. Der Chor, an Länge dem Schiff wenig nachstehend, an Höhe ihm noch überlegen, zeigt einen eigenartigen Abschluss. Um das Mittelschiff, das breit und imponierend von drei Seiten des Achtecks abgeschlossen wird, und zwar so, dass der Pfeilerabstand des Normaljoches gewahrt bleibt, schliesst sich der Umgang der Seitenschiffe in sieben Seiten des Zwölfecks zusammen. Es entsteht dadurch ein Gegensatz der Linienführung und eine perspektivische Wirkung, die den Reiz des ganzen Chorbildes nur

---

[1]) Paulus, Atlas, 25. Lieferung (Jagstkreis). Keppler S. 126.

Abb. 3. Chor der Kreuzkirche in Gmünd. (Baldinger.)

Abb. 4. Kreuzkirche in Gmünd.

erhöht. Selten sind die beiden Momente, der ernste, beruhigende Mittelraum und der fliessende, heitre Umgang in ihrer ästhetischen Erscheinung so streng geschieden worden, selten auch ist die innere Einheit des ganzen Raumes in seinem schwierigsten Teil so glücklich gewahrt geblieben. Um das Ganze schlingt sich ein Kranz niedriger Kapellen, achtzehn an der Zahl: ein Überrest französischer Reminiscenzen, die Heinrich aus Köln mit herübergebracht hatte. Sie sind hier, im Geiste der ganzen

Anlage, dem Hauptraum deutlich untergeordnet, mit schlichtem, geradem Abschluss und breiten, sechsteiligen Fenstern, als sichere Basis für das lebhafte Aufstreben der oberen Teile und das verwirrend reiche, leichte Netzgewölbe. Die festen Rundpfeiler mit schmalen Laubkapitellen, die den Raum gleichmässig durchziehen, halten gleichsam die innere Kraft der Masse zusammen, und schützen vor allzukühnem Hinauswachsen in die Höhe. Es ist der vollste Gegensatz zu dem gleichsam körperlosen Aufstreben aller Teile in den Kirchen der Blütezeit, wo eine übermenschliche Vorstellung alles beherrschte, als ob Himmel und Erde sich hier die Hände reichten. Hier giebt es keine geheimnisvollen Nebenräume, keine beschatteten Ecken und Winkel; alles ist licht, frei und offen, nicht zu mystischem Sichversenken oder starrem Weiterverfolgen einer Vorschrift, sondern zu freier persönlicher Bethätigung des Glaubens und ungehindertem Eingehen auf die Thatsachen der göttlichen Lehre. Dem inneren Zusammenhange, der die Predigt im Langhaus (der Gemeinde) — die Kanzel befindet sich am 3. südlichen Pfeiler, von Westen aus gerechnet — mit dem Chordienst im Altarhaus (der Geistlichkeit) verbindet, konnte eine architektonische Komposition, die sich von der überlieferten Raumzusammenfügung zu den Höhen der freien originalen Raumschöpfung durchzuringen strebte, nicht schöner gerecht werden, als es hier geschehen.

Den deutlichsten Anschluss an den neuen Plan, der in Gmünd den Hallenbau mit der reicheren Gestaltung des Chores zu vereinigen wusste, zeigt die *Michaelskirche in Schwäbisch-Hall;*[1]) freilich nicht in einem Zuge wie diese, sondern in zwei Abschnitten im Verlauf fast eines Jahrhunderts errichtet, das Schiff 1427—1492, der Chor 1495—1525, also schon zu einer Zeit, wo die italienische Renaissance an die Pforten pochte. Die Höhe der drei Schiffe im Langhaus ist nicht genau die gleiche, dafür entwickeln sie sich alle in gleicher Breite, und der Eindruck der Halle bleibt dennoch gewahrt. Auch hier schlanke, aber ausdruckslose Pfeiler als Träger des Netzgewölbes; im Chor ziehen sich die Seitenschiffe als Umgang bis auf etwa zwei Drittel ihrer früheren Breite zusammen; die Streben sind nach innen gezogen, und die zwischen ihnen gelegenen niedrigen Kapellen ragen mit ihrer flachen Aussenwand nicht über die des Hauptschiffes heraus. Nicht nur an Länge und Höhe, sondern besonders infolge der Erhöhung seiner Basis überragt der Chor das Langhaus bedeutend, die Selbständigkeit seiner Wirkung wird durch eine Deklination seiner Art nach Süden verstärkt. Über den weit von einander abstehenden Pfeilern des Schiffes, die als Kapitell nur einen Wulst tragen, erheben sich die Spitzbogen des Gewölbes noch ziemlich hoch, wie gestelzt; die Pfeiler am Choreingang haben rechteckigen Grundriss und tragen eine Art einfachen Triumphbogen, gegen den das Gewölbe des Mittelschiffs, leicht ansteigend, unvermittelt anstösst. Die kleinen Fenster sitzen im Chor hoch über den Kapellen und sind bis auf das eine in der östlichen Querwand farblos; der ganze Raum ist grau gestrichen, nur die Gewölberippen sind gelblich getönt. Kurz vor dem Ende seiner Laufbahn, in einer Zeit, deren geistiges Leben sich schon tief in reformatorischen Bahnen bewegte, hat hier das urgotisch-französische Prinzip der Hervorkehrung und künstlerischen Betonung des Chorteiles noch einmal Leben bekommen. Oder soll man sagen: die nivellierende, auf einheitliche Raumwirkung ausgehende Be-

---

[1]) Keppler S. 143.

handlungsweise der Spätgotik hat sich in reifster Ausbildung erst des Chores bemächtigt, und bei dem Eifer, diesen Teil möglichst vollständig in den neuen Formen zu gestalten, ist das (schon vorhandene) Langhaus zu sekundärer Bedeutung herabgedrückt worden? Die spätere Zeit ist über das Werk der Vergangenheit stolz hinweggeschritten, der Schwerpunkt, das künstlerische wie das mathematische Centrum, verlegt sich in ihren Bau. Die traditionellen Grenzen zwischen Chor und Langhaus scheinen verschoben, und zwar so, dass der Bau der späteren Zeit, seiner Bestimmung nach nur ein räumlich Untergeordnetes, dominiert. Das Grundlegende der späteren Bauidee war wohl, den alten Teil eben im Sinne des sogenannten Chorbaues umzugestalten, aber die Selbständigkeit der Durchführung wuchs über den leitenden Gedanken hinaus und das Resultat konnte demnach als etwas durchaus Eigenartiges und Schöpferisch-Freies gelten.

Das Prinzip, den Chor mit dem Langhaus möglichst zu verschmelzen und durch weite, klare Verhältnisse die innere Einheit aufrecht zu erhalten, tritt an der *Georgskirche in Nördlingen*, 1427 begonnen, wieder ganz besonders hervor.[1] Hier

Abb. 6. Georgskirche in Nördlingen.

hat seine Durchbildung ihre höchste Stufe erreicht, und damit ist die künstlerische Wirkung vielleicht schon um einen Schritt zurückgegangen. Eine gewisse Leere, ein unbefriedigendes, weil übertriebenes Ausweiten des Raumes, stellt sich ein; man wird ernüchtert, nicht erhoben. Die Pfeiler der zehn Joch langen Halle sind rund, mit je zwei schlankeren, fast vollen Diensten, im Chor herrscht der reine Rundpfeiler. Die ungleichmässig langen Fenster sind farblos, nur das breite, sechsteilige Hauptfenster in der östlichen Querwand schliesst den etwas nüchtern, in grauen und gelben Tönen gehaltenen Raum mit einem vollen Farbeneffekt ab. Die polygonale Gestaltung des Ostteiles ist auf die einfachste Norm zurückgeführt: das

---

[1] Sighart II. S. 463.

Mittelschiff behält die gerade Ostwand, nur das letzte Joch der Seitenschiffe ist durch eine Diagonale abgeschrägt. Im Langhaus, mit gleich breiten Schiffen und starker Längenausdehnung, waltet ein sicherer, freier Geist, und die ganze Raumschöpfung wäre in ihrer Art gelungen, wenn nicht der Chorabschluss allzusehr einer feineren Empfindung für den Wert der Dimensionen entbehrte. Der Kern des Baugedankens steckt in dem Gemeindehaus, der Chor ist als etwas für die künstlerische und ideale Aufgabe quasi Irrelevantes behandelt.

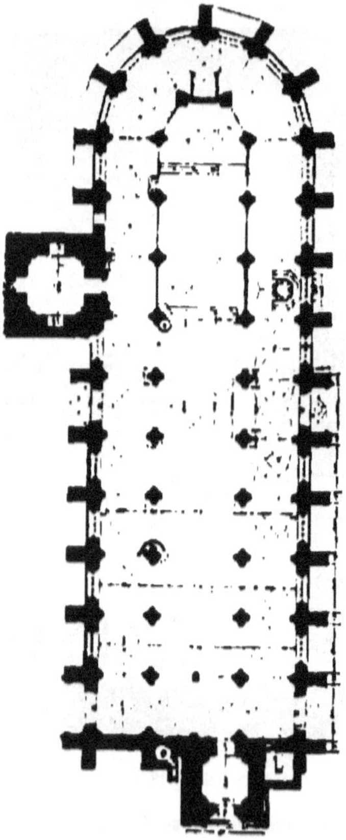

Der Meister, der an dieser Anlage einen wesentlichen Anteil hatte, zeigt sich uns in seinem selbständigen Hauptwerk von einer ganz andern Seite. Nicolaus Essler (Eseler oder Elser) war als Steinmetz (seit 1429?) in Nördlingen thätig; im Jahre 1464 wurde er als Baumeister nach *Dinkelsbühl* berufen, um die 1444 begonnene Georgskirche zum Abschluss zu bringen.[1] Dass er schon den Grundriss zu diesem Bau geschaffen hat, ist bei der weitverbreiteten Gewohnheit jener Zeit, Bauleute zugleich in verschiedenen Städten zu beschäftigen, wenigstens nicht unwahrscheinlich. Er würde nicht, in einer Inschrift des 1492 vollendeten Chores, allein Gott seinen Dank ausgesprochen haben, wenn er nicht als der eigentliche Schöpfer des Baues hätte auftreten dürfen. Die Kirche trägt vollständig den Charakter einer einheitlich durchgeführten Anlage, dass die Urheberschaft eines Mannes ausser Zweifel steht, und Nicolaus Esslers Name ist seit alter Zeit mit ihr verknüpft. Es ist eine Hallenkirche von zehn Jochen, das Mittelschiff von drei Seiten des Sechsecks, der Umgang von sechs Seiten des Zwölfecks begrenzt, mit auffälliger Verlegung eines Pfeilers in die Mittelaxe, genau so wie es der Chor des Freiburger Münsters zeigt.

Abb. 7. Georgskirche in Dinkelsbühl. (Nach C. Th. Pohlig.)

Ein gleiches Spielen mit dem malerischen Effekt, der wirkungsvolle, durch die Beleuchtung gesteigerte Gegensatz von Pfeilermasse und Wandöffnung, ist ein charakteristisches Merkmal in dem architektonischen Schaffen des berühmten Prager Meisters Peter von Gmünd. Hier ist erreicht, was in Nördlingen vergeblich angestrebt wird: der Punkt, auf den das Auge des Eintretenden zuerst fällt, die Stelle, auf die der ganze Zug der herrschenden Dimension hinführt, ist künstlerisch würdig behandelt,

---

[1] Sighart S. 471.

Abb. 8. Georgskirche in Dinkelsbühl.

ohne aus der Einheitlichkeit des Ganzen herauszutreten, aber auch ohne sich dem herrschenden Willen sklavisch unterzuordnen. Über den ganzen Raum spannt sich in flachem Bogen ein leichtes, mit Strahlenmustern und ikonischen Schlusssteinen reich ausgestattetes Netzgewölbe, das ohne Kapitelle aus den schlanken Pfeilern herauswächst. Die Rippen sind dunkler als die mattgrauen, steinfarbenen Wände und Träger, das Gewölbe ist weiss. Die Treppenanlage an der Südseite, mit den Fensterchen und der zierlichen Balustrade oben, bringt einen heitern, fast profan anmutenden Effekt in den Ernst des riesigen Raumes. Die grossen, farblosen Fenster reichen tief herab; ihr Licht lässt jede Einzelheit in der Gliederung klar hervortreten.

Dies etwa das letzte Ausklingen des in Gmünd angeschlagenen Grundtones. Von ganz andern Instrumenten vorgetragen, aber in verwandter Harmonie wird er vernehmlich auch in dem Bau, der die architektonische Thätigkeit des ganzen 15. Jahrhunderts in Schwaben beherrscht: dem *Ulmer Münster*.[1])

Die Gründung fällt in das Jahr 1377, der Chor wurde 1449, das Mittelschiff 1471 eingeweiht; die Seitenschiffe, 1478 vollendet, erhielten durch einen Umbau in den Jahren 1502—1507 ihre jetzige Gestalt.

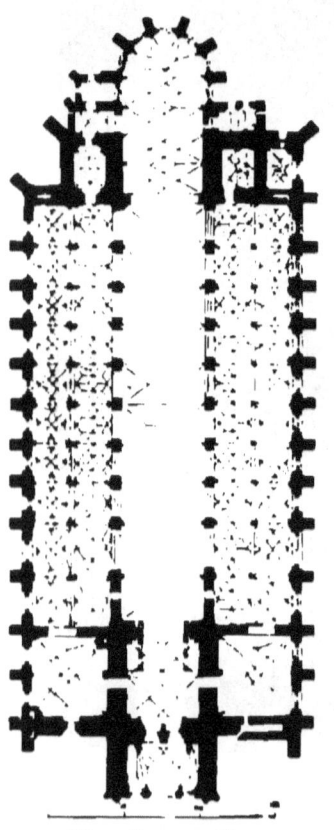

Abb. 9. Münster zu Ulm.

Der Grundriss ist im wesentlichen das Werk eines Mannes, und trotz des langen Baubetriebes und der verschiedenen Meister, in deren Händen die Oberleitung nach einander ruhte, geschah die Durchführung des Ganzen hauptsächlich nach diesem einen Plan. Ulrich von Ensingen stand dem Bau von 1392 bis 1416 vor; an den Chor, mit dem, wie üblich, der Bau begonnen und der von seinen Vorgängern in der Gestalt einer einschiffigen, vier Schmaljoche enthaltenden, in fünf Seiten des Zehnecks geschlossenen Halle vollendet worden war, fügte er sein Langhaus an. Die Breite des Chores nahm er als Normalmass auf, führte aber nicht nur das Mittelschiff in ihr fort, mit beträchtlich gesteigerter Höhe, sondern wandte sie auch auf die Seitenschiffe an, so dass ein Raum entstand, dessen Totalbreite alles bisher Dagewesene übertraf. Eine derartige Breitenausdehnung bedurfte, um nicht zu gedrungen, zu schwerfällig zu wirken, einer entsprechenden ausserordentlichen Steigerung nach der Tiefe zu; zehn Joche, nicht viel länger als die Joche des Chores, wurden errichtet, und den Abschluss erhielt das Ganze durch die Turmvorhalle, die aber schon ein eigenes Raumgebilde darstellt. Dies scheint mir sozusagen die Generalidee des Baues gewesen zu sein: im Gegensatz zu dem schlanken Chor ein weiter, einheitlicher Raum, unverkennbar aus drei gleichwertigen Hallen bestehend, ohne auffälliges Betonen der Längsaxe. Die Notwendigkeit, diesen Plan konstruktiv zu verwirklichen, legte freilich der Durchführung Beschränkungen auf, die das Bild des Ganzen wesentlich veränderten. Zuerst konnten die Seitenschiffe wegen des Druckes des Mittelgewölbes nicht in der gleichen Höhe wie das Mittelschiff aufgeführt werden. Einmal dazu genötigt, wählte der Meister auch den künstlerisch

---

[1]) Paulus, Atlas, Lieferung 30. Keppler S. 353 ff. Carstanjen S. 16 ff, 31 ff; 81 ff.

vornehmsten und folgerichtigsten Ausweg: er gab ihnen die halbe Höhe, ordnete sie also hierin fühlbar dem Mittelbau unter, ohne freilich die nun entstandenen gewaltigen Obermauern des Mittelschiffs organisch zu verwerten. Das Zweite ist, dass, gleichfalls aus technischen Gründen, die Pfeilerabstände möglichst eingeschränkt werden mussten, um die Last des Seitenschubs der Gewölbe auf möglichst viele Träger zu verteilen. Auch hierbei bewährte der Meister seinen Blick für die Harmonie der Verhältnisse, indem er sein Grundmass einfach halbierte und damit Gewölbefelder schuf, die gerade noch einmal so lang wie breit waren. Es ist gleichsam

Abb. 10. Münster zu Ulm. Blick aus dem Chor.

im gotischen Geiste eine Rückkehr zu dem alten gebundenen System: die Komposition des Raumes ist durchaus mit dem Verhältnis 1 : 2 bestritten. Aber noch beherrschte man die Materie nicht so weit, um einer so grossartig durchdachten Raumvorstellung auf die Dauer körperliches Leben zu gewähren: schon wenige Dezennien nach der Vollendung der Seitenschiffe sah man sich genötigt, die Gewölbe durch Vermehrung der Stützen vor dem Einsturz zu sichern. Burckhard Engelsberger, der schon einmal, am Westturm, seine technische Fertigkeit bewährt hatte, löste die Aufgabe auf die einfachste Weise, indem er in der Mitte der Seitenschiffe je eine neue Reihe Stützen einzog, schlichte Rundpfeiler mit polygonaler Basis und Laubkapitell. An Stelle des spitzbogigen Tonnengewölbes mit einschneidenden, den Mittelgrat nicht erreichenden Stichkappen, wie es analog dem Mittelschiff hier bestanden haben wird, trat in den nun quadratischen Jochen ein Netzgewölbe. So entstanden die fünf Schiffe, noch immer von gewaltiger Wirkung und fühlbarem harmonischem Zusammenhang, aber beklagenswert als Änderung der grossartigsten Raumkomposition, die das Idealschema der Gotik auf süddeutschem Boden hervorgebracht hat. Bei fast völligem Verzicht auf ornamentale Ausstattung sollte hier, allein durch die Beherrschung der Masse und die konsequente Durchbildung einer Raumeinheit — denn auch in der Höhe hält sich der Meister an ein selbstgeschaffenes Normalmass — ein architektonisches Ganze erzeugt werden. Die wuchtigen, einfach gegliederten Pfeiler, das wenig hoch ansteigende Gewölbe mit den schweren Rippen, die Profilierung der Scheidbögen und das starre Aufsteigen der Dienste an der kahlen Oberwand: alles verrät ein Ringen mit dem Stoff, einen herben, nicht nüchternen, aber strengen Zug. Von der leichten, schwungvollen Behandlung, wie sie die Gotik der Blütezeit bei den kolossalsten Massen innezuhalten vermochte, ist hier nichts mehr zu spüren. Der Vertikalismus ist noch vorhanden, aber die ganze Last einer nach fest bestimmten Zielen strebenden, konsequent schaffenden künstlerischen Kraft lehnt sich gleichsam auf ihn, und die ruhige Bedachtsamkeit eines gleichmässigen bürgerlichen Empfindens weitet ihn aus. Eines aber dringt durch alles hindurch, was die Schaffensbedingungen und die Stürme der Zeit entstellend gewirkt haben: das Bewusstsein einer von einem Grundmass nach allen drei Dimensionen hin gleichmässig beherrschten Raumgestaltung.

Abb. 11. Münster zu Ulm. Blick nach dem Chor.

Am Ulmer Münster steht der Chor selbständig dem Langhaus gegenüber, obwohl die Kirche ja keine Kathedralkirche war. Aber er tritt vollständig hinter dem Schiffbau zurück und wirkt nur als eine Verlängerung des Mittelschiffes, und seine Formen sind ebenso schlicht wie die des Hauptraumes. Die gleiche Anlage findet sich an der *Frauenkirche zu Esslingen*, dem zweiten Hauptwerk Ulrichs von Ensingen.[1]) Die Baugeschichte, soweit sie hier in Betracht kommt, zeigt Ähnlichkeit mit der des Ulmer Münsters: nur war der Bau, als ihn Ulrich im Jahre 1406 über-

---

[1]) Paulus, Neckarkreis (Text) S. 182 ff. Keppler S. 96. Carstanjen S. 71.

Abb. 12. Frauenkirche in Esslingen. (Querschnitt durch den Turm.)

nahm — der Chor war 1324—1332 errichtet worden — schon bis zum dritten Ostjoch gediehen, und ihm blieb nur noch die Aufgabe, das Schiff weiterzuführen und dem Ganzen durch einen Turm den würdigen Abschluss zu geben. Wie in Ulm, nahm er den Unterbau des Turmes in das Mittelschiff hinein, und zwar hier nicht als einen quadratischen Raum, sondern analog den fünf Mitteljochen als eine rechteckige Halle, die auf reichgegliederten, wuchtigen Pfeilern ruht. Auf ihr erhebt sich der berühmte Turm mit dem durchbrochenen Helm, das markanteste Beispiel für Ulrichs Virtuosität in der Beherrschung der Verhältnisse. Das Innere der Kirche, deren Plan also noch in der zweiten Hälfte des 14. Jahrhunderts entworfen wurde, ist eine dreischiffige Halle, die Seitenschiffe von etwa zwei Drittel der Breite des Mittelschiffs, so dass hier der Pfeilerabstand die Breite übertrifft. Ein zartgegliederter, schlanker Raum, der seine Bestimmung als Predigtkirche deutlich zur Schau trägt; schlanke Pfeiler, breite Fenster und die Kanzel am mittelsten nördlichen Pfeiler.[1]) Die breiten Rippen schiessen ohne Kapitell direkt an die Pfeiler an; die Decke, im normalen Spitzbogen gewölbt, ist blau, die Rippen sind braun, während sonst die natürliche lichte Steinfarbe erhalten ist. Die zierliche Freiheit, die so wunderbar in den verhältnismässig kleinen Dimensionen waltet, herrscht auch in dem reich, aber in feinsinnigster Auswahl verteilten ornamentalen Beiwerk. Die Bauherrin, eine nicht gerade umfangreiche, aber wohlhabende Stadt, verzichtete wohl gern auf den Aufwand gewaltiger Massen, da ihr das, was sie sich wünschte, in so liebenswürdiger Form geboten wurde.

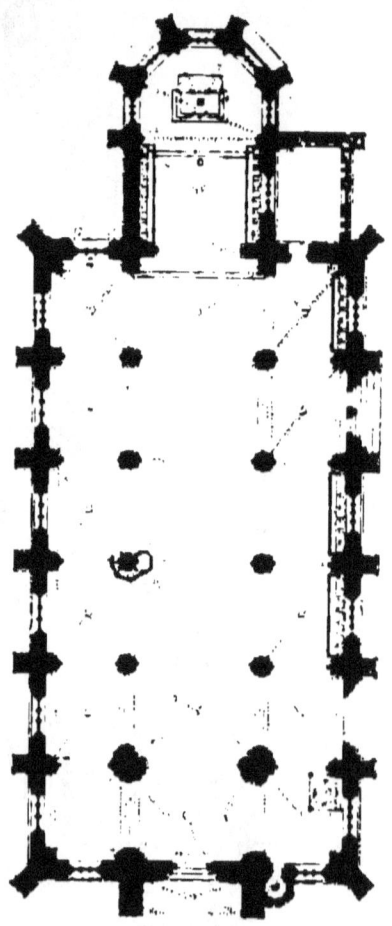

Abb. 13. Frauenkirche in Esslingen.

Mit der Vollendung des Baues, vor allem des Turmes, ist der Name einer Künstlerfamilie, der Böblinger, eng verbunden: die reifste Blüte gotischer Detailkunst, frei von jeder Übertreibung, wird von ihnen vertreten.

---

¹) Neuerdings ist die Kanzel an dem Pfeiler rechts am Eingang zum Chor angebracht.

Als basilikale Anlage, freilich, wie wir gesehen haben, mehr der Durchführung als der schöpferischen Intention nach, steht das Ulmer Münster in diesen Gegenden fast einzig in seiner Art da. Das *Münster zu Überlingen* zeigt eine ganz eigenartige Form des dort verwandten Prinzips.¹) Das basilikale Schema, die Verkleine-

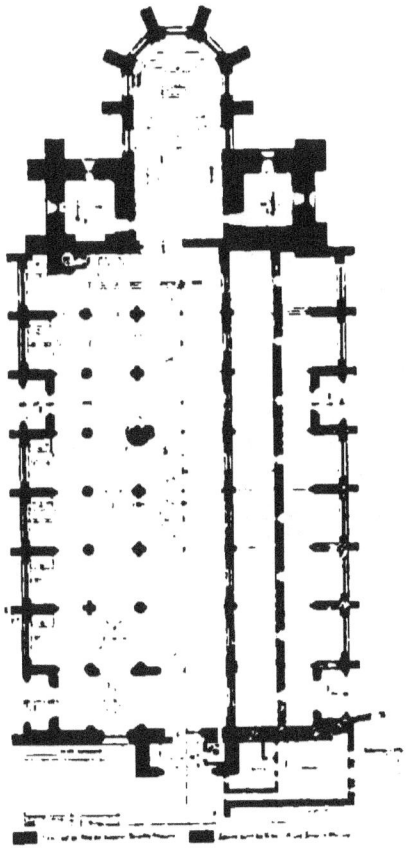

Abb. 14. Münster zu Ueberlingen am See. (Nach Kraus.)

rung des Raumes nach Höhe und Breite in den Seitenschiffen, ist hier konsequent auf einen fünfschiffigen Grundriss angewandt, indem hier die äusseren Schiffe nicht nur an Höhe, sondern auch an Breite bedeutend hinter den inneren Schiffen zurückstehen, die wieder in beiden Beziehungen von dem Mittelschiff übertroffen werden. Dass der Baumeister sich dieses Verhältnis vollständig bewusst konstruiert hat, beweisen die Masse: nimmt man nämlich die Breite des äusseren Seitenschiffes als Grundzahl, so ist diese in der Breite des inneren Seitenschiffs ungefähr zwei-

¹) Kraus I. S. 592 ff.

— 29 —

Abb. 15. Frauenkirche in Nürnberg.

mal, in der des Mittelschiffs ebenso annähernd dreimal enthalten, während der Pfeilerabstand wieder das Doppelte von ihr beträgt. Nicht zufrieden mit dieser Breitenentfaltung hat man zwischen den eingezogenen Strebepfeilern auch noch Kapellen angeordnet, ziemlich in der Breite und Höhe der äusseren Seitenschiffe. Das Ganze stellt sich so dar als ein pyramidaler Aufbau, äusserlich dreiteilig, rein im Gewande eines Basilikalbaus, da die beiden Seitenschiffpaare von je einem Dach bedeckt sind. Freilich ist es mehr das Erzeugnis einer theoretisierenden, nüchternen Konstruktionskunst als impulsiv lebendigen Schaffens, interessant aber als Auswuchs der verstandesmässigen Erweiterung eines Schemas, an die man bis dahin kaum gedacht hatte und deren Grenzen in dieser Weise kaum abzusehen waren. Es ist jedenfalls charakteristisch für die Stellung, die man im Anfang des 15. Jahrhunderts der Gotik gegenüber einnahm, dass der ältere Bau nicht nur in der

Längenausdehnung, sondern auch in der Breite erweitert wurde. Die Wirkung war freilich mehr noch ein Hervortreten des Mittelschiffes, also eine Betonung der Längsaxe, und von einem einheitlichen Raumgebilde konnte um so weniger mehr die Rede sein, als die Seitenkapellen noch als selbständige Trabanten des beherrschenden Mittelteiles hinzu kamen. Als Beispiel einer **gruppierenden Raumkomposition** nimmt das Münster von Überlingen in der Geschichte der Gotik jedenfalls eine besondere Stellung ein.

Die Geburtsstätte des andern Typus einer Raumkomposition, welche die ästhetische Wirkung des malerischen Gegensatzes für ihre Zwecke verwendet, ist *Nürnberg*. An der *Marienkirche* am Markt (1355—61 von Karl IV. erbaut), besteht der quadratische Hauptbau aus neun fast quadratischen Gewölbjochen, der drei Joche zählende Chor ist in drei Seiten des Achtecks geschlossen. Die Wiederkehr der Grundzahl drei giebt schon rein mathematisch einen Begriff von der Harmonie der Verhältnisse, die den in den Dimensionen bescheidenen Bau beherrscht, und den schmalen Chorraum als künstlerisch notwendigen Ausklang des Hauptraumes erscheinen lässt. Einfache Kreuzgewölbe, von schlanken Rundpfeilern getragen, lassen die quadratische Flächeneinheit auch in der Deckung deutlich neunmal wiederkehren. Auf die Ausschmückung des Äusseren, der Fronten ist besonderer Wert gelegt; das Innere wirkt allein als Raum durch die schöne Gegensätzlichkeit zwischen dem weiten West- und dem schmalen Ostteil. „Unserer lieben Frauen Saal" nannten die Nürnberger ihr neues Gotteshaus, und charakterisierten mit diesem Ausdruck wunderhübsch die zwiefache Bedeutung der Kirche: der Raum gehört nicht nur der Mutter Gottes zu eigen, sondern er ist zugleich der Saal, also der Versammlungs- oder Festraum, wo sich alle, die ihr verehrungsvoll und hilfeflehend nahen, zur Andacht vereinigen können.

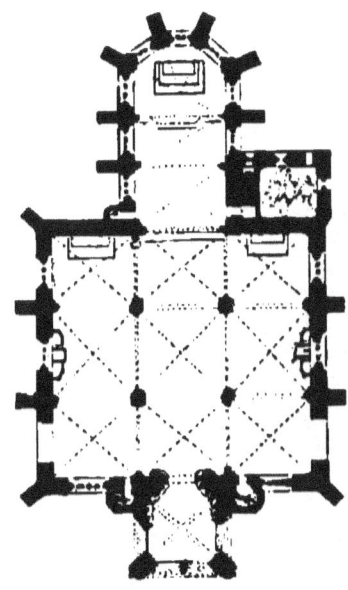

Abb. 10. Frauenkirche in Nürnberg.

Anm. Auf Seite 37 wurde an die Marienkapellen an den französischen Kathedralkirchen der früheren Periode erinnert. Beispiele dieser Art finden sich in Frankreich an St. Rémy in Rheims (1164—81), den Kathedralen von Amiens (1220—88), Le Mans (Chor seit 1217) und St. Ouen zu Rouen (1318). Noch deutlicher wurde der Gegensatz der schlankeren Marienkapelle zu dem breiteren Chor in England ausgebildet: die Lady-Chapel erhielt hier dann auch, ebenso wie der Chor, meist einen rechtwinkligen Abschluss: so in Salesbury (1220—88), Ely 1233—53); in Wells und Lichfield (beide im 14. Jahrhundert) siegte die französische Form der Polygonanlage. Der „decorative style" bemächtigte sich ihrer besonders und feierte seinen höchsten Triumph in der Kapelle Heinrichs VII. zu Westminster.

Abb. 17. Chor von S. Lorenz in Nürnberg (Baldinger.)

Lernen wir hier zum erstenmal jene charakteristische Art der Raumentfaltung kennen, die weiterhin in ganz Süddeutschland Verbreitung fand, so tritt uns in dem 1439—77 nach den Plänen Conrad Roritzers erbauten Chor der *Lorenzkirche*[1]) das erste Beispiel einer organisch durchgeführten Emporenanlage auf süddeutschem

---

[1]) Sighart II. S. 497.

Abb. 18. St. Lorenz in Nürnberg.

Boden entgegen. Das im Anfang des 14. Jahrhunderts fast noch in frühgotischen Formen entstandene Langhaus hatte noch Basilikaform; der neue Chor nimmt die Breite des Mittelschiffs auf, erweitert die der Seitenschiffe und führt alle drei zu gleicher stolzer Höhe empor. Drei Seiten bilden den Schluss des Mittelschiffes; der Umgang der Seitenschiffe weist, in konsequenter Weiterbildung, sieben Seiten des Zwölfecks auf. Die Strebepfeiler sind vollständig ins Innere gezogen, und in halber Höhe legt sich eine Galerie zwischen ihnen an die Wand, die sich um die vortretenden Pfeiler stets zierlich in einem polygonalen Balkon herumwindet. So entstehen unter der Empore schmale, rechteckige Kapellen: im nördlichen Seitenschiff verbindet eine freie, achteckige Wendeltreppe die untere Halle mit der Galerie. Eine zierliche Masswerkbrüstung hebt den Eindruck des Lastenden in der Empore auf, und vermittelt den hier notwendigen horizontalen Abschluss mit dem vertikalen Zug der überschneidenden Pfeiler. Aus ihnen, die unregelmässig sechs- und siebeneckig gebildet sind, entwickeln sich frei die Reihungen des üppigen Netzgewölbes. So ist der Raum durch die Stellung der Pfeiler klar gegliedert, und wieder eng in Eins geschlossen durch das leichte Band, das seine Wände umzieht: die Brüstung der Empore, die zwischen Höhe und Tiefe hinschwebt und so zierlich alle störenden Gegensätze zu überwinden weiss. Die Kapellen, die man in jener Zeit noch schwer ganz entbehren mochte, sind hier in glücklichsten Einklang gebracht mit der freien Raumentfaltung, die mit grossen Massen und einfachen Flächen operiert. Sie bilden die Basis für das Aufstreben nach oben, und das tritt deutlich zu Tage durch die Verwendung, die ihr oberer Abschluss erfährt. Denn man empfindet sie körperlich als Basis, indem man seinen Fuss auf ihren Rücken setzt, und sie so im Vorwärtsschreiten zum Äquivalent des Erdbodens macht. Welch eine Entwicklung hat die Komposition des Chorabschlusses durchlaufen müssen, ehe aus dem Kapellenkranz französischer Erfindung, wie ihn z. B. die Kathedrale von Le Mans aufweist, diese ruhige schlanke Reihe wurde, die nach aussen überhaupt nicht sichtbar ist und sich im Innern so streng dem Gang der Wände anschliesst. Denn das Äussere des Lorenzchores steht vollständig schmucklos da, der ganze tektonische Apparat, soweit er überhaupt bei dieser Schöpfung noch eine Rolle spielt, ist im Innern ästhetisch und praktisch mit den raumgestaltenden Teilen verschmolzen.

Die Bauthätigkeit in Nürnberg bewegt sich in selbständigen Bahnen; sie wird in mehr als einer Hinsicht vorbildlich für das übrige Franken und über die Grenzen dieser ihrer engeren Heimat hinaus. Um so

Abb. 19. Martinskirche in Landshut.

eigentümlicher ist es, dass die Baukunst im eigentlichen *Bayern* von den hier gegebenen Anregungen fast unberührt blieb.

Die Hauptperiode der Gotik setzt in Bayern auffallend spät ein: erst im 15. Jahrhundert hat sich der Stil, den man damals schon allgemein als den deutschen bezeichnen konnte, auch in diesem echtdeutschen Lande alle künstlerische Thätigkeit unterworfen. Er stiess hier auf ein Problem, das in den nördlichen Gegenden zum Teil schon eine befriedigende Lösung gefunden hatte: den Mangel eines natürlichen Bausteines, und die daraus sich ergebende Notwendigkeit des Backsteinbaus. Die Wirkung dieser Thatsache konnte eine doppelte sein: das Auftürmen geschlossener, ungegliederter Massen bei Verzicht auf ornamentale Ausgestaltung, oder die höchste technische Vollendung im Dienste auffallender Wölbungs- und Stützungsprobleme, und Ausbildung einer schematischen, mit notwendiger Einseitigkeit des Motivs verbundenen Dekorationsweise. Mochte nun die individuelle Anlage der Meister sich mehr der einen oder der anderen Behandlungsform zuwenden, für beide musste die Hallenkirche der günstigste Boden aller weiteren Bestrebungen werden. Der Wunsch nach Massenwirkungen ging aber gleicherweise wie die höchste konstruktive Leistung von einer bestimmten Raumvorstellung aus, die wieder ebenso durch die praktischen Bedürfnisse wie durch die künstlerische Individualität modiﬁziert wurde.

An der Spitze dieser Periode steht die *Martinskirche in Landshut*;[1]) sie kann als das vollendetste Beispiel jener einen Bauart gelten, bei der die Höhe der Technik das treibende Moment des Entwicklungsprozesses war. Der Baubeginn am Chor reicht wahrscheinlich bis ins 14. Jahrhundert zurück (eine Inschrift am Chor giebt die Jahreszahl 1392); durch das ganze 15. Jahrhundert zieht sich der Weiterbau hin, denn erst 1477 und 1478 hören wir von der Einwölbung des Schiffes, und der Turm ist sogar 1495 noch nicht ganz fertiggestellt. Der Plan ist das Werk eines Mannes: des berühmten Hans Steinmetz von Landshut (eigentlich Stettenheimer aus Burghausen); ihm folgte nach seinem Tode 1432 sein gleichnamiger Sohn. Er ist das Haupt der Landshuter Schule, die zu ihrer Zeit in Bayern einen ähnlichen Ruf genoss wie die von Gmünd in Schwaben, und aus der uns eine Menge Meister- und Steinmetznamen erhalten sind. In dem Namen ihrer Gründer ist der Ursprung der architektonischen Thätigkeit, wie sie sich damals noch allgemein entwickelte, deutlich mit enthalten.

Abb. 20. Martinskirche in Landshut.

Der Grundriss der Landshuter Kirche lehnt sich an das unterfränkische Schema an: eine dreischiffige Halle, östlich durch einen einschiffigen in drei Seiten des Achtecks geschlossenen Chor, westlich durch eine Vorhalle erweitert, über der sich der Turm emporhebt. Die Seitenschiffe sind halb so breit wie das Mittelschiff und jedes ihrer Gewölbjoche ist quadratisch; im ganzen zählt das Schiff neun, der Chor vier Joche: eine ausserordentlich langgestreckte Fläche, mit der Turmvorhalle ungefähr 100 m, der trotzdem noch eine Breite von etwa 33 m gegenübersteht. Zwischen die gewaltig ausladenden Strebepfeiler sind niedrige Kapellen gebaut, un-

---

[1]) Sighart II. S. 432.

gefähr halb so breit wie die Seitenschiffe; es entsteht also zwischen den drei Längsteilen des Raumes das Breitenverhältnis 2 : 1 : ¹/₂. Die farblosen Fenster sitzen hoch über den Kapellen, während sie im Chor bunt sind und tief herabreichen. Das siebente Joch (von W. aus gerechnet), hat keine Seitenkapellen, und wirkt gleichsam als Querschiff infolge der einheitlichen Raumerscheinung, die an eine Erweiterung nach den Seiten zu denken lässt. Das rechte Seitenschiff schliesst nach dem neunten Joche gerade ab, das linke zeigt an derselben Stelle noch eine Kapelle, die aus zwei Schmaljochen und einem in drei Seiten des Achtecks geschlossenen Polygon gebildet wird. Massgebend für die räumliche Wirkung des Inneren ist die Höhe, zu der sich der Raum erhebt: sie ist genau so gross wie die Breite, und wäre schon eindrucksvoll genug, wenn wir dies Verhältnis ungehindert vor Augen haben könnten. In den schmalen Seitenschiffen aber besonders ist die Höhe geradezu schwindelerregend, und wird noch gesteigert durch die Schlankheit der Pfeiler, die auf einen Durchmesser von 1 m eine Höhe von über 30 m aufweisen. In ununterbrochenem Zuge, von keiner reicheren Einzelheit abgelenkt, gleitet der Blick an ihren geraden Flächen empor, und erst dicht unterm Gewölbe bildet ein niedriges Kapitell den Abschluss, aus dem das einfache Rippennetz herauswächst. Die schmalen Wandflächen, die langgestreckten Fenster, alles zieht nach oben; und wie die Stengel der Blumen oder Halme im Feld, die ihre eigne Last nicht mehr aufrecht erhalten können, und sich in ihrer höchsten Spitze wieder der Erde zuneigen, so biegen sich all die schlanken Glieder, die so kühn den Erdboden verliessen und in die Lüfte hinausstrebten, endlich doch abwärts, und finden erst im Zusammenschluss wieder Festigkeit und Ruhe. Die innere Bewegung, die all diese Massen durchzittert, gleicht sich schliesslich in sich selbst aus, die Beharrung macht ihr Recht geltend und die innere Einheit stellt sich von

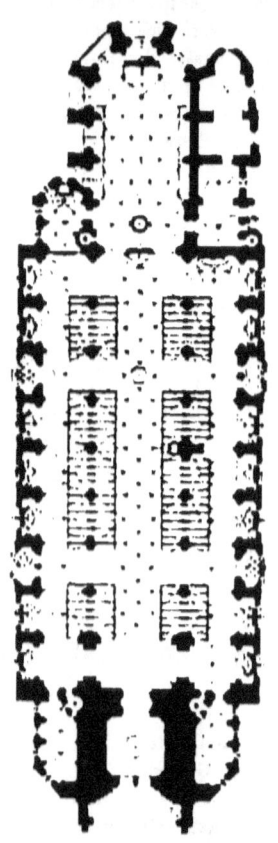

Abb. 21. Martinskirche in Landshut.

selbst wieder ein. Aber doch bleibt noch ein Rest des Unbefriedigtseins: die letzte zarte Beseelung der Massen, die in einer leisen Schwellung, einem Einziehen des Profils hier und da, in einer Betonung der gegensätzlichen Horizontalen vielleicht ihren Ausdruck findet, hat uns der Meister nicht geben können. Der Raum wirkt überwältigend, aber mehr für die Reflexion als für die Intuition, nicht weil unser körperliches Leben in der starken Beseelung der unorganischen Materie eine unmittelbare Ergänzung erfährt, sondern weil sich uns die Macht des Menschen über die tote Masse in so wunderbaren Gebilden darstellt. Nicht die höchste Kunst, sondern die höchste Kunstfertigkeit hat sich verkörpert.

Mehr auf schwäbische Einflüsse weist die *Liebfrauenkirche in Ingolstadt* hin, 1425 gegründet, 1439 im Chor, aber erst 1525 vollständig beendet.[1]) Die Seitenschiffe sind wieder ungefähr halb so breit wie das Mittelschiff; dabei kein selbständiger Chor, sondern nur das Mittelschiff unregelmässig dreiseitig geschlossen (die mittlere Seite die grössere), die Seitenschiffe als Umgang ausgebildet, der von fünf Seiten des Zehnecks geschlossen wird. Im Westen sind zwei Türme über Eck angeordnet, so, dass von den letzten Seitenjochen in der Diagonale die Hälfte abgeschnitten wird. Dieser Abschluss ist derselbe, wie im Chor von St. Georg in Nördlingen; der Raum erhält dadurch gewissermassen zwei Chöre, von denen der östliche durch die reichere Gliederung und die intensive Beleuchtung den Vorrang behält. In dem Abschluss des Raumes nach oben zeigt sich eine Kompromissanlage. Das Mittelschiff steigt nicht unbeträchtlich über die Seitenschiffe empor, die Oberwände haben aber der gemeinsamen Bedachung wegen, keine eignen Fenster, so dass das Dunkel unter dem Gewölbe wie eine Last auf den hellen unteren Partieen ruht. Die Seitenschiffmauern sind wie in Landshut in ihrer unteren Hälfte durchbrochen und mit Kapellen ausgestattet, die sich zwischen die äusseren Strebepfeiler einfügen (sie sind zum Teil später eingebaut). Die Halle zählt acht vollständige Joche, die ganze Länge

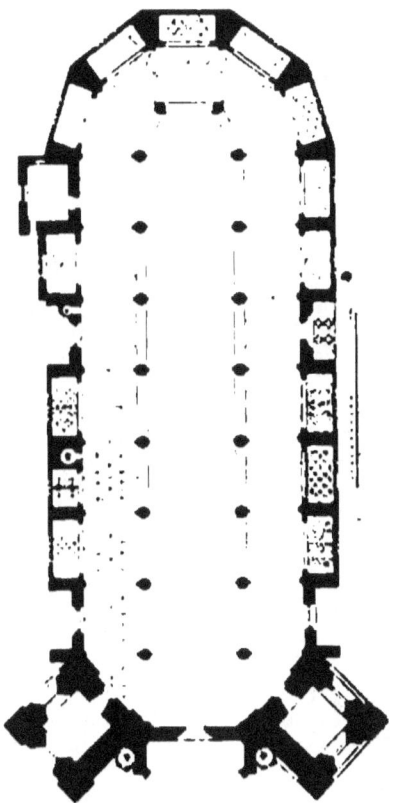

Abb. 22. Frauenkirche in Ingolstadt.
(Nach v. Bezold und Riehl.)

beträgt fast genau das Dreifache der Höhe, die wieder nur wenig hinter der Breite zurückbleibt. Der straffe, wenn auch etwas harte Zug, der die Kirche von Landshut auszeichnet, ist hier einer weicheren, mehr ins Breite gehenden, fast unsicheren Behandlung gewichen. Die glatten Rundpfeiler mit den unvermittelt vorgelegten beiden runden Diensten haben keine, die Dienste selbst nur ganz kleine Kapitelle, die Scheidbögen sind breit und energielos profiliert, und die Wände steigen weiss und glatt in die Höhe. In dem Netzgewölbe ist die

---

[1]) v. Bezold und Riehl I. S. 24. Sighart II. S. 419.

Abb. 27. Frauenkirche in Ingolstadt. (Nach v. Bezold und Riehl)

Längsrichtung durch eine Art Rhombenmuster betont; die Wölbung des Mittelschiffs
nähert sich schon stark dem Tonnengewölbe. Der zwiefache polygonale Abschluss
hat schon etwas Freies, modern Anmutendes in sich, und giebt dem Innern fast
den Charakter eines elliptischen Saales. Wer vom Altar seine Schritte wieder der
Hauptthür zuwendet, sieht sich vor einer Komposition, die ihn einigermassen an die
Partie erinnern muss, die er eben verlassen hat; denn das auffallend kleine Portal
musste unter dem breiten Fenster gänzlich verschwinden (jetzt ist das ganze west-
liche Joch von einer barocken Orgelempore eingenommen, über der nur noch ein

Abb. 24. Frauenkirche in Ingolstadt: Querschnitt. (Nach v. Fasold und Riehl.)

kleines buntes Fenster sichtbar wird). Man empfindet wohl, was der Schöpfer
dieses Baus anstrebte: einen einheitlichen Raum zu schaffen, dem er durch Schräg-
stellung der Türme auch nach Westen einen zweckentsprechenden Abschluss zu
geben hoffte. Was ihm fehlte, war die sichere Konsequenz der Durchführung:
wohl türmen sich die Pfeiler empor, und wölbt sich die Decke, aber weder der
Abschluss nach oben noch der in der Längsaxe, also das, was dem Bau Charakter
und Form geben sollte, ist klar komponiert. In beiden ist der unfruchtbare Streit
zweier Flächen verkörpert, eine innere Einheit ist nicht erreicht. Die Umbildung
des traditionellen Schemas ging in denselben Bahnen vorwärts, wie wir sie schon
des weiteren im südlichen Deutschland verfolgt haben, aber sie erreichte ihr Ziel
nicht, sondern blieb in unreifem Formalismus stecken. Nicht durch die Totalität
ihrer künstlerischen Erscheinung ist die Liebfrauenkirche in Ingolstadt berühmt ge-

worden, sondern durch einige virtuose Spielereien, mit denen ein begabter Steinmetz des 16. Jahrhunderts eine Anzahl der Seitenkapellen ausgestattet hat.

Einen letzten Aufschwung nahm die Baukunst Bayerns in der Hauptstadt selbst. In *München* wurde in dem kurzen Zeitraum von 20 Jahren, 1468—88, durch den gemeinsamen Opfermut von Bürgerschaft und Staatsgewalt die *Frauenkirche* errichtet.[1]) Es ist eine langgestreckte, dreischiffige Halle — das Mittelschiff

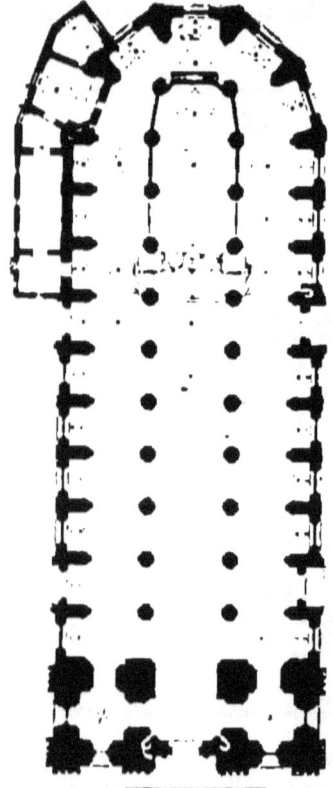

Abb. 25. Frauenkirche in München. (Nach v. Bezold und Riehl.)

ist kaum wahrnehmbar höher als die Seitenschiffe — von elf Jochen; das östliche Joch des Mittelschiffs hat durch ein geringes Zusammenrücken der Schlusspfeiler eine leicht trapezförmige Gestalt erhalten, die Seitenschiffe bilden einen fünfseitigen Umgang. Durch das Einziehen der Strebepfeiler in ihrer vollen Ausdehnung wird die ganze Halle von einem Kranz schmaler, rechteckiger Kapellen umschlossen, zwanzig an der Zahl. Im Westen legt sich der Turmunterbau in Gestalt einer mächtigen dreischiffigen Halle vor, getragen von enormen, fast ungegliederten

---

[1]) v. Bezold und Riehl XIII. S. 970. Sighart II. S. 422.

Abb. 26. Frauenkirche in München. (Nach v. Bezold und Riehl.)

Pfeilern. Auffallend ist die Höhe der Fenster, die schon dicht über dem Boden einsetzen und erst kurz unter dem Gewölbe endigen. Da ihre Zahl infolge der kurzen Joche an sich ausserordentlich gross ist, so waltet eine wunderbare Helligkeit im Innern der Kirche. Und diese Lichtfülle lässt das ganze Gefüge des riesigen Baus in jeder Einzelheit klar hervortreten, sie ist ein Hauptfaktor in der architektonischen Wirkung des Raumes. Gesteigert wird diese Wirkung noch dadurch, dass die Glieder selbst fast völlig auf ihre struktive Funktion beschränkt bleiben, und in ihrem strengen Zusammenhalt einer reicheren ornamentalen Ausgestaltung

Abb. 27. Frauenkirche in München; Querschnitt. (Nach v. Bezold und Riehl.)

keinen Raum gewähren. Es kommt so etwas Wuchtiges, ein gehaltener Ernst in das Ganze, der scharf absticht von der aufstrebenden Leichtigkeit, die in Landshut herrschte. Die Pfeiler sind stark und durch die geraden, von keiner Einziehung belebten Seiten etwas stumpf in der perspektivischen Ansicht; das Gewölbe entwickelt sich nicht frei aus ihnen, sondern die Rippen setzen auf kleinen, aber deutlich charakterisierten Konsolen energisch an und schwingen sich in elegantem Spitzbogen einander zu, als wollten sie wieder gut machen, was die Pfeiler in ihrem schwerfälligen Trotz gesündigt haben. Der Geist einer gefestigten Selbstsicherheit hat auch die Bildung des Chorabschlusses beeinflusst: das Mittelschiff lässt sich von seinem energischen Vorwärtsgehen nicht abbringen, es bricht schroff ab, wie es begonnen; nur das leise Zusammenrücken der letzten Pfeiler macht dem weicheren Zug, der sich in dem Zusammenschluss der Seitenschiffe ausspricht, einige Konzessionen, und kommt der perspektivischen Wirkung entgegen. Die Längsaxe ist von bestimmendem Einfluss auf die Gestalt des Baus, und die enge Stellung und gedrungene Form der Pfeiler lässt die Zusammensetzung aus drei Schiffen deutlich hervortreten. So ist wohl nach bestimmtem Gesetz ein architektonischer Raum geschaffen, aber die Wirkung der Masse behauptet sich siegreich daneben. Wir sahen schon an der Kreuzkirche zu Gmünd die Bedeutung der Masse im Gegensatz zum Stilprinzip der reinen Gotik kräftig ausgeprägt; sie bewahrt hier, im Kerne unberührt von der bildenden Hand des Meisters, ihr selbständiges Leben, und das klare Licht wird ihr Bundesgenosse zur starken Hervorhebung ihres Wesens.

So ist die Frauenkirche das vollendetste Muster jener zweiten Weise, zu der die Benutzung des Backsteins als Baumaterial führen kann. Als Beispiel der ersten Art konnte die Martinskirche zu Landshut aufgestellt werden, der Frauenkirche in Ingolstadt kann man eine Mittelstellung zwischen beiden zuweisen, allerdings, wie wir gesehen haben, auch wieder mit selbständigen Momenten. Es ist also kein einheitliches Bild, das die drei hervorragendsten Bauten Bayerns von dem architektonischen Schaffen des Landes geben; aber ein innerer Zusammenhang scheint mir doch vorhanden zu sein. Ein Kampf mit der Tradition geht durch diese Werke, dort mit grösserem, hier mit geringerem Erfolg; und im Ringen mit dem Stoff entwickelt sich die neue künstlerische Idee. Wir sehen wie die Meister sich mühen, dem Raum ein charakteristisches Gepräge zu verleihen, und in diesem Zusammenhang steht die Frauenkirche in München mit ihrer gewaltigen Materialhäufung auf derselben Stufe wie die Kirche zu Landshut mit ihrer scheinbar spielenden Bewältigung der Masse. Die Formen im Einzelnen, Pfeilerbildung, Profilierung u. s. w. treten allmählich als etwas Sekundäres zurück, und die eine Grundidee, das Streben nach einheitlicher und abgeschlossener Gestaltung des Raumes, klingt immer reiner hindurch.

Norddeutschland.

Auch nach dem kurzen Gang, der uns durch die Baukunst Süddeutschlands im 14. und 15. Jahrhundert geführt hat, wird Eines klar geworden sein: eine solche Fülle originaler und frischer Züge findet sich allerorten an den Denkmälern, dass von einem Niedergang des Stils nicht die Rede sein kann. Dies bestätigt sich auch in Norddeutschland. Wenn wir hier einzelne Beispiele derselben Periode noch zur Betrachtung heranziehen, so wird sich bald erweisen, dass wir damit auf ein Gebiet gekommen sind, wo die Einwirkung des Materials auf die Bauformen eine ganz hervorragende Rolle spielt. Der grösste Teil der norddeutschen Architektur ist bekanntlich Ziegelbau.

Die Veränderungen des Grundrisses in der herrschenden Bauart, die sich bei der Verwendung des Ziegels einstellen, sind geringfügiger als die des Aufbaus. Hier trug das Konstruktive über das Ornamentale den Sieg davon; die Gotik, sonst ein Pfeilersystem mit Füllungen, wurde hier zum Massensystem mit Öffnungen. Was dem Wesen der romanischen Kunst entgegengekommen war, brachte in der Gotik eine fundamentale Umwälzung des Stilprinzips zu Stande. Daneben entwickelte sich durch das neue Material, besonders in den Bauwerken von Brandenburg, eine ornamentale Ausdrucksweise, die nur noch lose mit dem dekorativen Detail der Hausteinarchitektur zusammenhing und durch die Verwendung von farbigen Flächenmustern dem gewohnten Schema ganz eigenartige Seiten abgewann. Die nationale Anschauung aber drängte, wie in flachen Gegenden stets, auf die Entwicklung kolossaler Dimensionen, riesiger Massen hin. Dies modifizierte auch die Gliederung im Einzelnen: der gerade Chorabschluss und der einfache, vorgelegte oder eingebaute Westturm sind Produkte dieses Strebens. In dem Charakter dieser Architektur liegt ein Zug, der sich dem Weltlichen, Nüchtern-Praktischen, aber Strengen und Gewaltigen nähert. So hat sich die Profanarchitektur in den Landen zwischen Elbe, Oder und Weichsel die gotische Technik, die hier so innig mit dem Material verschmolzen war, mit Leichtigkeit angeeignet, und für Kommunal- und fortifikatorische Bauten, Rathäuser und Thortürme Formen gefunden, die an selbstverständlicher, ausdrucksvoller Grösse und schlichtem Reiz in jener ganzen Periode unerreicht dastehen. Am grossartigsten ist diese nationale Bauweise für profane Zwecke verwendet worden in der Residenz des deutschen Ordens, der Marienburg in Westpreussen. Sie ist die höchste Leistung gotischer Profankunst im 14. Jahrhundert und in ihrer Beschränkung des ornamentalen Aufwandes fraglos ein Meisterwerk. Die Gotik des Ziegelbaus als Kunst der gegliederten Massen hat sich hier im Aufbau aufs glänzendste bestätigt, während sie in den Prunksälen des Innern, vor allem in dem unvergleichlich zierlichen grossen Ordensremter ihre Aufgabe als Raumgestalterin mit einer Virtuosität löst, welche die Schwierigkeiten der Technik geradezu aufzusuchen scheint und gegen die das Können eines Meisters wie Arnold von Westfalen kaum noch einen Fortschritt bedeutet.

Was uns hier als letztes Ziel architektonischer Thätigkeit in reifster Gestalt entgegentritt, die harmonische Durchführung des Innenraumes mit Benützung malerischer Lichteffekte, berührt sich mit dem baukünstlerischen Schaffen eines Landes, dem fast allein in dem ganzen grossen Gebiet des Nord- und Ostseebeckens ein gewachsener Stein zur Verfügung steht.

Westfalen ist in dem Umkreis der Massenbauten das Land der hochentwickelten Technik, der kühnen Wölbungen, der konstruktiven Wagnisse. Das gebundene, romanische System, das auf ein Gewölbe des Mittelschiffs zwei in den Seitenschiffen fordert, ist hier zuerst durchbrochen worden: in dem zu Münster sind die Zwischenpfeiler

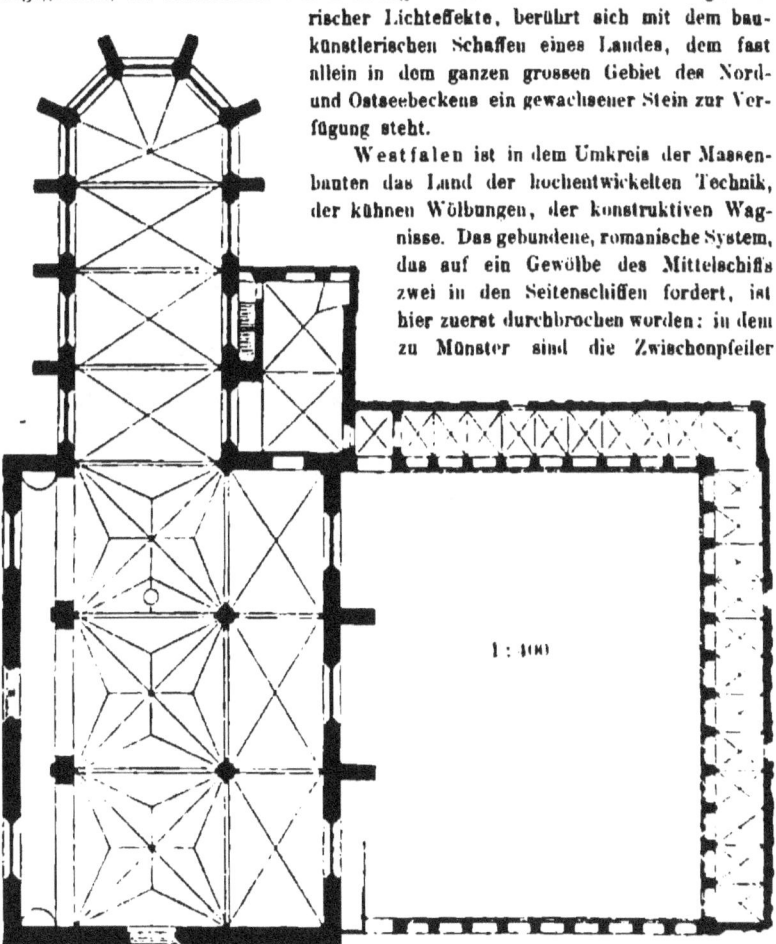

Abb. 28. Dominikanerkirche in Dortmund. (Nach Ludorff.)

beseitigt, neben dem quadratischen Grenzgewölbe des Mittelschiffs liegt ein gerade so langes, aber nur halb so breites Seitenjoch. Hier auch, in Westfalen, sind, in demselben Streben nach räumlicher Freiheit, zuerst die Seitenschiffe zu der gleichen Höhe wie das Mittelschiff emporgeführt worden, noch ehe man von der Leistungsfähigkeit der Spitzbogentechnik eine Vorstellung hatte.

Die Basilika des alten Stils wird zum einheitlichen Raumgebilde, zur Halle. Sie herrscht in der Periode, der wir uns zuwenden, ganz allgemein. Für die Bildung des Chores vermag sich nicht ein Schema Geltung zu verschaffen: neben dem mit dem Langhaus zusammengezogenen Chor, mit Umgang der Seitenschiffe, findet sich der einschiffige, schmale, der nur das Mittelschiff fortsetzt; schliesslich kommt auch die gruppierende Komposition vor, die den Seitenschiffen je einen eigenen polygonalen Abschluss giebt und diese dem Hauptpolygon unterordnet.

Auf *Dortmund* als auf das Hauptcentrum des Stilumschwungs wurde schon hingewiesen; hier herrschte in der zweiten Hälfte des 14. Jahrhunderts eine ungemein rege Bauthätigkeit.

Abb. 29. Dominikanerkirche in Dortmund.

Die jetzige *katholische Kirche* (ehemals Dominikanerkirche)[1]) 1353 vollendet, mit auffälliger Verkümmerung des nördlichen Seitenschiffs, lässt den Chor merklich dominieren; er ist einschiffig, aber fast von der Länge des Hauptschiffes, und erscheint nach dem nur sehr mangelhaft erleuchteten Langhaus, obwohl selbst nur mässig hell, doch feierlich und erhaben. In der *Petrikirche*,[2]) 1319—1353 erbaut, ist die Wirkung die entgegengesetzte: der Chor ist dunkler als das breite, einfach gewölbte Schiff. Das räumliche Verhältnis ist dasselbe, das wir schon in Franken kennen gelernt haben: die Halle fast quadratisch, mit drei dreischiffigen Jochen, der Chor schlanker und einfach. Dazu kommt hier noch im Westen die schwere, dunkle Vorhalle, über die sich der wuchtige Turm erhebt.

Den vollen Triumph der entwickelten spätgotischen Raumkunst über den Massenbau der romanischen Zeit bedeutet der *Chor der Reinoldikirche*,[3]) 1421—1450

---

[1]) Lübke, Tafel XXXI. Ludorff, Tafel XXXI S. 41, Kreis Dortmundt-Stadt.
[2]) Ludorff, Tafel XXXII S. 25.
[3]) Lübke, Tafel XI. Ludorff, Tafel I S. 2.

erbaut. Er ist nur einschiffig und ganz schematisch in drei Seiten des Achtecks geschlossen, aber so stolz in seinem schlanken Emporwachsen, so edel in seinen Einzelformen, dass eine schönere Steigerung des alten, in den Übergangsformen um 1248 erbauten Langhauses nicht gedacht werden kann. Die Fenster des Polygons sind nicht ein-, sondern zweimal durch Masswerkstreifen quer geteilt — eine bemerkenswerte Wiederholung der Horizontalen — und doch wird der Raum ein wahres Paradies von Licht und Glanz, und die Steigerung dadurch, dass in den rechteckigen Jochen nur oben an der Wand Fenster angebracht sind, malerisch bis aufs Letzte durchgeführt. Das Ganze erinnert an die Anlage des Münsterchores zu Aachen; es ist der gewaltigste Aufschwung einer künstlerischen Idee, der mit der geistigen Eigenart des Volkes vereinbar war.

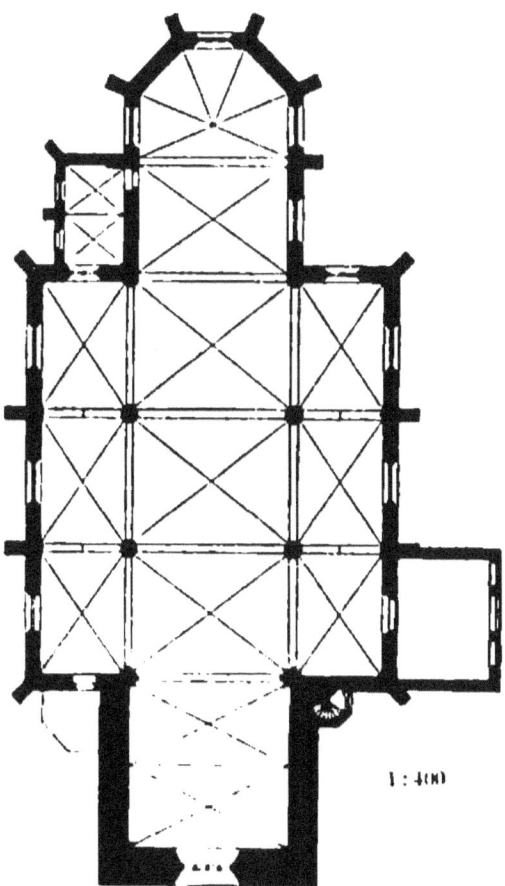

Abb. 30. Petrikirche in Dortmund. (Nach Ludorff.)

Im Mittelpunkt dieser Periode steht die *Lambertikirche zu Münster*,[1]) um 1375 begonnen, aber erst im Laufe des 15. Jahrhunderts vollendet. Sie macht den Versuch, das Chorganze als eine Raumgruppe darzustellen, indem sie den Seitenschiffen einen selbständigen polygonalen Abschluss giebt; und zwar stellt sie die Basis des aus fünf Seiten des Achtecks gebildeten Nebenchores in die Diagonale des letzten Seitenjoches, macht also die Axe zum Radius eines Kreises, durch dessen Centrum auch die Axe des mittleren Chorpolygons läuft. Es ist also ein deutlicher Hang zur Centralkomposition, dem sich die Gotik ganz im Beginn ihrer Laufbahn schon einmal, wie ihres Wesens unbewusst, hingegeben hatte. Aber was in der Liebfrauenkirche zu

¹) Lübke, Tafel XXIII.

Trier nur für den Grundriss, für die Entwicklung des mathematischen Systems von Bedeutung war — denn die radialen Kapellen blieben niedrig —, äusserte sich hier bei der Hallenform als Umgestaltung des Raumbildes. Das Prinzip ist leider nur am südlichen Seitenschiff durchgeführt, das nördliche schneidet bei dem vierten Joch gerade ab. Doch auch als Fragment bleibt uns diese Chorbildung wertvoll, und da sie in jener Zeit in Westfalen einzig in ihrer Art ist, so muss man wohl irgend ein fremdes Chorbild oder wenigstens eine Anregung aus fremdem Schaffen annehmen. Dass diese Anregung aus den Rheinlanden kam, kann man umsomehr behaupten, als ja überhaupt der ganze Stil von Westen in das Reich der roten Erde gedrungen ist. Unweit von Bonn, in Ahrweiler, findet sich die Anlage durchgeführt, noch dazu bei einer Hallenkirche, einer für die Frühzeit der Gotik — sie wurde um 1254 erbaut — auffallenden Erscheinung. Wenn wirklich der Chor, bei dem das Mittelpolygon einfacher ist als das der Seitenschiffe, erst in der ersten Hälfte des 14. Jahrhunderts entstanden ist (wie Lotz von dem Hauptchor annimmt, den von den Nebenchören zu trennen dann kein Grund vorliegt) so stünde auch der Zurückführung des Entwurfes auf

Abb. 31. Petrikirche in Dortmund.

den Meister von St. Lambert chronologisch nichts im Wege (der 1356 geweihte Chor der Stiftskirche in Kleve bildete dann zeitlich die Vermittlung). — Indess nicht nur durch die seltene Form des Chores, sondern vor allem durch die unerschöpfliche Pracht der inneren und äusseren Ausstattung zeichnet sich die Lambertikirche vor allen gleichzeitigen Bauten Westfalens aus. Ob die architektonische Finesse, die Pfeilerabstände nach dem Chor hin zu verringern, und damit einer bedeutenden perspektivischen Wirkung in die Hände zu arbeiten, wirklich als eine solche aufzufassen ist, muss hier unentschieden bleiben. Der Wechsel der Pfeilerbildung weist eher auf eine andere Individualität in der Bauleitung hin, ebenso leicht könnte aber auch eine Schwierigkeit der Bodenfläche oder sogar eine blosse

Nachlässigkeit in dem Grundrissentwurf die Änderung verursacht haben. Die Seitenschiffe sind ja auch nicht gleich gross, sondern das nördliche ist ungefähr 1 m breiter als das südliche. Die Dimensionen des Baus sind nicht bedeutend, der Pfeilerabstand ist sogar recht klein: das Ganze aber ist klar und harmonisch, im steten Zusammenströmen von Phantasie und Geist von innerem Leben durchdrungen und doch feierlich und würdig.

Abb. 82. Reinoldikirche in Dortmund.

In Gegensatz hierzu überwiegt bei der Kirche zu *Unna*[1]) (im 14. Jahrhundert begonnen, aber erst 1467 vollendet — der Chor 1398—1396 —) das Wuchtige, Ernste in dem architektonischen Gesamtbilde. Der Chor ist im Mittelschiff und im Umgang mit drei Seiten des Achtecks geschlossen: der reichere Charakter, der durch Überschneidungen der Linien und kunstvolle Verteilung des Lichtes einen lebhaften, prächtigen Zug in den Aufbau zu bringen sucht, ist hier völlig vermieden. Die Concinnität der inneren und äusseren Stützen, durch die auf jede Öffnung des Mittelschiffs der volle Schein des in dem gleichen Radius liegenden Fensters fällt, lässt die zwar immer noch massvolle, aber durch vorgelegte Dienste doch etwas lebendigere Form der Pfeiler stärker hervortreten. Im Langhaus nimmt der Unterbau des Turmes mit seinen ungemein schwerfälligen Rundpfeilern das ganze mittlere Westjoch ein: diese Bildung setzt sich dann in der Reihe der Pfeiler weiter fort, die quadratische, in den Seitenschiffen nur um ein Geringes schmälere Gewölbe tragen. Im fünfzehnten Mitteljoch (von Westen, einschliesslich der Turmhalle) rücken die Pfeiler etwas auseinander, so dass sich hier das Gewölbe der Trapezform nähert: so ist der perspektivischen Wirkung entgegengearbeitet und gleichsam ein inneres Wachstum des Raumes angedeutet. Werden die hässlichen Emporen, die jetzt in den Seitenschiffen stehen und die Fenster in unerträglicher Weise zerschneiden,

---

[1]) Lübke, Tafel XIX.

erst beseitigt und die Wand gefallen sein, die erst neuerdings als Trennung der dreischiffigen Turmvorhalle von dem Hauptraum errichtet worden ist, dann wird auch die zu Grunde liegende Raumidee des Baus klarer und wirkungsvoller zum Ausdruck kommen.

Der Chor der *Marienkirche zu Osnabrück*,[1]) im Anschluss an ein schon 1318 vollendetes Langhaus 1406—1424 erbaut, ist eine direkte Nachbildung der Choranlage von Unna, und auch die Ähnlichkeit des ganzen Innenraumes mit jenem ist unverkennbar. Nur ist hier in der Bildung der Pfeiler das umgekehrte Verhältnis eingetreten: die des Mittelschiffs sind reich, aber im Geiste der Frühgotik durchaus edel gegliedert, und im Chor tragen glatte Rundsäulen das central entwickelte Gewölbe.

Der letzte grosse Repräsentant dieser Kompositionsform in Westfalen, der 1478 errichtete *Chor der Marienkirche in Lippstadt*,[2]) ist zugleich auch die vollendetste Schöpfung des Systems. Dem romanischen Langhaus gegenüber erhebt er sich zu ernster, feierlicher Grösse, um nach dem ersten, gewaltigen Schritt der Wölbung, die sich eigenwillig von der Mauermasse des Zwischenbaus losmacht, in drei Seiten, innen und aussen,

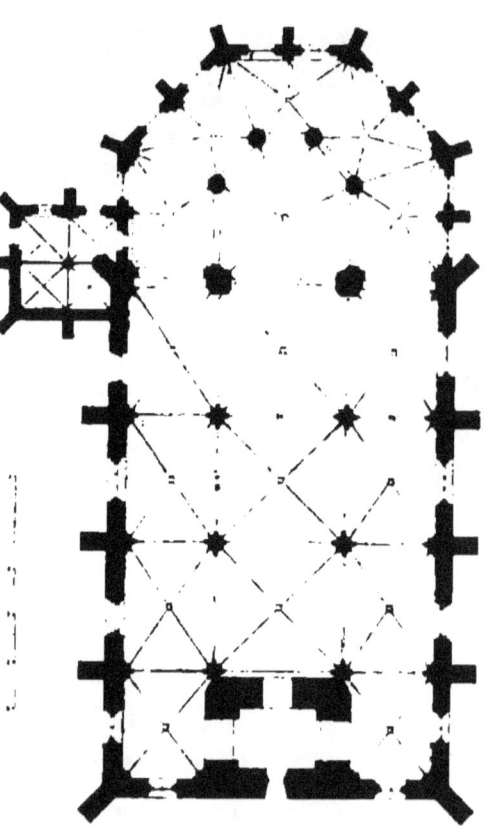

Abb. 33. Marienkirche in Osnabrück. (Nach Lübke.)

ruhig auszuklingen. Die Pfeiler sind wieder rund, mit Kapitellen der schlichtesten Form; die Beleuchtung ist dadurch in besondre Bahnen gelenkt, dass die breiten Aussenwände des Chors von je zwei grossen Fenstern belebt werden. Der Tag scheint in hellen Strahlen herein und umfängt die schweren Säulen, deren trotziges Selbstbewusstsein unter seiner heitern Berührung schwindet. Zwar trennt eine Brüstungsmauer den Wandelnden im Umgang von der Mittelhalle, aber das Auge

---

[1]) Lübke, T. XX.
[2]) Lübke, T. X.

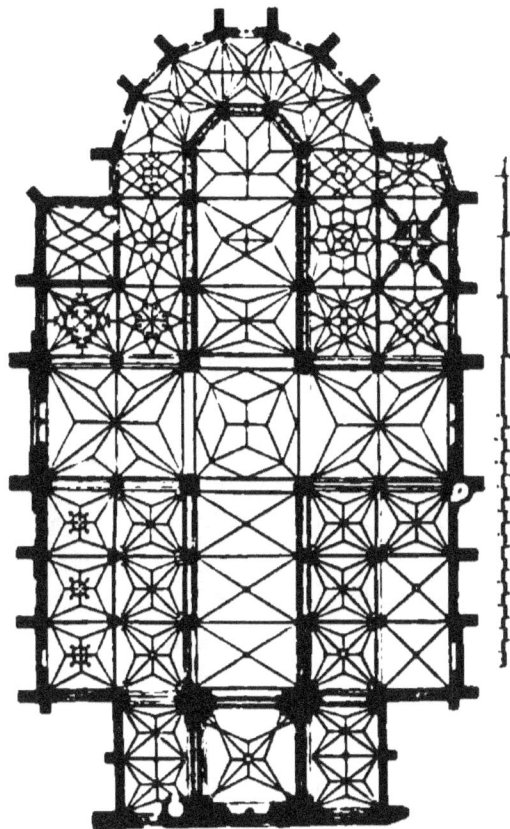

Abb. 84. Willibrordikirche in Wesel. (Nach Clemen.)

schweift frei in die Weite und Tiefe des Baus, und die Einheitlichkeit der Raumkomposition geht unmittelbar in das Bewusstsein über.

Westfalen nimmt mit seinen Hausteinbauten in dem Bilde, das die Architektur der norddeutschen Tiefebene gewährt, eine durchaus selbständige Stellung ein. Dort, wo ein gewachsener Stein nur in beschränktem Masse vorhanden war, in den Gebieten am *Niederrhein*, im Kleve-Gelder'schen Lande, musste die Architektur notwendig in Abhängigkeit kommen von der Richtung, die sich in dem Mutterlande des Backsteinbaus, in den Niederlanden, entwickelt hatte. So finden sich auch wirklich die charakteristischen Eigenschaften der niederländischen Gotik an den Bauten des Niederrheins vertreten, und die Bezeichnung „niederländisch-westfälischer Provinzialismus" ist speziell den Bauten des 14. und 15. Jahrhunderts auf diesem Boden zu teil geworden. Dass daneben auch französische Einflüsse rege waren, beweist das Werk, das als die bedeutendste gotische Anlage des Niederrheins nächst dem Dom zu *Xanten* und im Besondern als die glänzendste Leistung der ostklevischen Bauschule gilt: die *Willibrordikirche zu Wesel*.[1)]

* * *

Allerdings findet sich die Eigentümlichkeit, die ein französisches Vorbild rechtfertigen würde, der (hier nur in den Fundamenten nachgewiesene) Kapellenkranz um den Chor auch an niederländischen Kirchen, in Utrecht, Nymwegen und Herzogenbusch, wie vor allem an der Groote Kerk in Arnheim, in der man das unmittelbare Vorbild der Weseler Kirche zu finden gemeint hat. Letzteres könnte

[1)] Clemen, II. B. Kreis Rees S. 125 ff.

sich jedoch nur auf den östlichen Teil, vom Querschiff an, erstrecken, denn das Langschiff selbst ist anders komponiert, abgesehen davon, dass man bei einem Bau, der vollständig aus Haustein errichtet ist, wie die Willibrordikirche, sich schwerlich an ein Muster gehalten hat, das, wie die Kirche zu Arnheim, nur in den Details Haustein zeigt, während der Kern des Baus, die konstruktiv massgebenden Glieder, aus Ziegelstein hergestellt sind. Dagegen ist die Johanneskirche in Herzogenbusch, nach einem Brande seit 1419 neuerbaut, aus Haustein, und zeigt im Grundriss eine ausgesprochene Ähnlich-

Abb. 85. Willibrordikirche in Wesel.

keit mit der Weseler Kirche, die, nach einem Erweiterungsbau der alten romanischen Anlage von 1425 in der zweiten Hälfte des 15. Jahrhunderts neu erstand (aber erst in jüngster Zeit in allen Teilen vollendet worden ist). Es ist eine fünfschiffige Basilika von energischer Kreuzform. Um den in fünf Seiten des Achtecks geschlossenen Chor des Mittelschiffes, der ziemlich genau die Länge des Hauptschiffes hat, setzen sich die inneren Seitenschiffe als Umgang in sieben Seiten des unregelmässigen Vierzehnecks fort, während die äusseren Seitenschiffe, das südliche um ein Joch später als das nördliche, gerade abschliessen. Der Turm öffnet sich in einer gewaltigen, auf vier wuchtigen, reichgegliederten Pfeilern ruhenden Vorhalle gegen das Mittelschiff, die inneren Seitenschiffe begleiten ihn mit je zwei schmalen Jochen bis an die Westwand. Die Pfeiler sind rund mit Vorlagen, nur die der Vierung zwölfseitig; nur die drei Mitteljoche des Hauptschiffs und die beiden westlichen Joche des südlichen äusseren Seitenschiffs sind mit Kreuzgewölben gedeckt, alle anderen mit prächtigen Netz- und Sterngewölben, zum Teil mit frei gearbeiteten Rosetten und Blumen, die sich in einzelnen Seitenräumen, bei der bekannten Lust an technischen Spielereien, in ein völlig frei schwebendes Rippennetz mit zierlichen Krabben, Blüten und Blättern verlieren. Die Joche der Seitenschiffe sind etwas mehr als halb so breit wie die des Mittelschiffs, und sie selbst nur halb so hoch wie jenes: die Pfeilerabstände sind gering, die Unterbrechung ihres kurzatmigen Zuges durch die sich mächtig ausweitende Vierung geschieht überraschend und wirkungsvoll. Der ganze Bau ist von einer gewissen wuchtigen

Schwerfälligkeit, die Breite 36 m. vermag der Länge, 64,50 m, einen nachdrücklichen Gegenhalt zu bieten. Die Grundform ist schon beinahe das griechische Kreuz: optisch halten sich die vier in strahlender Helligkeit hervortretenden Flügel vollkommen die Wage, besonders jetzt, wo das Chorpolygon durch einen hohen Zwischenbau von einem Langhaus abgetrennt ist. Die Fülle von Licht, die den

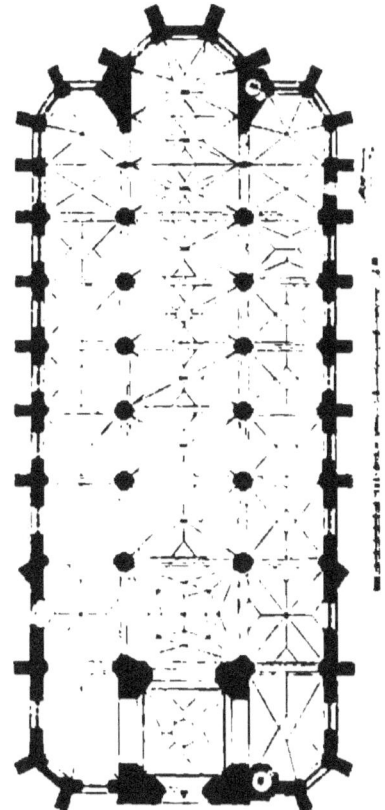

Abb. 36. Aldegundiskirche in Emmerich. (Nach Clemen.)

ganzen Bau beherrscht, und jedes der äusserst sorgfältig gearbeiteten Zierteile klar zur Geltung kommen lässt, bekundet ein freieres, klares Empfinden der Meister und des Volksstammes, aus dem sie hervorgegangen sind: ein scharfer, seiner Sache sicherer Geist waltet in dem Haus.

Diesen Geist, der sich mit der deutlichen Ausprägung des Kreuzschiffes der herrschenden Richtung entgegensetzt, und damit auf ein im übrigen Deutschland kaum mehr gebrauchtes Schema zurückgreift, hat auch der *Salvatorkirche in Duisburg*[1]) ihre Gestalt gegeben, die beglaubigterweise in Einzelheiten der Kirche zu Wesel zum Urbild gedient hat, und deren Grundstein 1415 gelegt wurde. Hier ist die Längsaxe schärfer ausgeprägt, das Langhaus ist auf drei Schiffe beschränkt und der Chor schliesst erst nach zwei breiten, der Vierung ähnlichen Jochen in fünf Seiten des Achtecks. Daneben legt sich, als Fortsetzung des südlichen Seitenschiffs, noch ein flacher konstruiertes Chörchen, das dem Bau erst später hinzugefügt zu sein scheint. Die Basilikenform ist deutlich innegehalten: die beiden riesigen Fenster der Querarme geben dem Raume seine Physiognomie; das Licht, das sich unter der Vierung sammelt, strömt in das Langhaus mit seinen niedrigen

Oberfenstern ein, das Langhaus des Chors tritt dagegen als eine dunklere Partie zurück, während in dem Chorpolygon die körperlichen Massen des Baus zwischen den gewaltigen lichtspendenden Öffnungen fast völlig verschwinden. Noch in der jüngsten, der niederrheinischen Kirchen dieser Periode, des 1483 begonnenen *Aldegundiskirche zu Emmerich*,[2]) findet die Neigung zur gruppierenden Chorgestaltung Ausdruck. In *Xanten, Viersen, Kranenburg* und *Geldern*, in *Sonsbeck, Kalkar* und *Duisburg* herrscht dies System, und hier in Emmerich scheint es in gewissem Sinne sogar die Bildung des Westabschlusses beeinflusst zu haben. Das

---

[1]) Clemen II. Duisburg S. 18.   [2]) Clemen II. Rees S. 95.

letzte Joch der Seitenschiffe nämlich, die neben der gewaltigen Vorhalle des Westturms fortlaufen, wird durch eine Querwand abgeschrägt, die in dem südlichen Schiff sogar von einem eignen Fenster durchbrochen ist. In andern Kirchen, z. B. in *Lüdinghausen*, ist dies der polygonale Abschluss der Seitenschiffe im Osten, und auch in *Emmerich* ist die äussere Erscheinung der Seitenchörchen dieselbe, die im Innern durch einen keilförmigen Mauerkörper zu einem Polygon ergänzt werden, das sich etwa aus drei Seiten des Sechsecks erklären lässt. In der Pfarrkirche zu *Ingolstadt* ist die Westpartie ähnlich gestaltet, und noch ein andrer Umstand fordert zu einem Vergleich mit dieser Kirche auf. Das Mittelschiff erhebt sich zwar um ein Drittel seiner Höhe über die Seitenschiffe, hat aber ein gemeinsames Dach mit diesen, aber keine Oberfenster, so dass die Halle, als welche jetzt der gesamte Innenraum erscheint, mit dem dunkeln Mittelteil einen schweren, düstern Charakter annimmt. Die merkwürdige Gestalt der Pfeiler, zwei durcheinandergeschobene Rechtecke mit ausgerundeten Kanten, die einfachen Arkaden und unbelebten Scheidemauern,

Abb. 37. Aldegundiskirche in Emmerich.

Alles kündet den Einfluss eines fremden Elementes an, das uns hier zum erstenmal begegnet: es ist der Ziegel mit seiner strengen, schweren Formengebung. Dies ist wohl das einzige Beispiel dieses Materials in der ostklevischen Gruppe, und wenn die Anordnung des Langhauses vielleicht auf westfälische Vorbilder zurückzuführen ist — in *Bocholt, Rheine und Liesborn*, alles Bauten des 15. Jahrhunderts, ist sie durchgeführt — so erkennen wir in dem Material die Einwirkung der nahen Niederlande.

Es führt uns hinüber zur westklevischen Schule, und seine Eigenart macht sich am klarsten geltend in dem bedeutendsten kirchlichen Bauwerk dieses Kreises, der Pfarrkirche zu *Kalkar*.[1]) Dies ist die ausgedehnteste Hallenkirche der niederrheinischen Lande, und zugleich diejenige, in der die Vereinheitlichung des Raumes

[1]) Clemen. V. Kleve S. 52.

im Sinne einer Gemeinde- und Predigtkirche am weitesten gediehen ist. An die dreischiffige Halle von sieben Jochen legt sich im Mittelschiff ein Hauptchor, der aus fünf Seiten des Achtecks gebildet ist, während die Seitenschiffe daneben in einen entsprechend kleineren Polygonteil auslaufen. Allerdings ist hier nur das südliche Seitenschiff mit einer geringen Unregelmässigkeit in dieser Weise durchgeführt, das Ostjoch des nördlichen Schiffes, noch aus einem älteren Bau stammend, hat seinen geraden Abschluss behalten (vergl. auch die *Salvatorkirche in Duisburg*). Das Ganze ist ein entschiedener Protest gegen die prunkvolle, auf französische Vorbilder sich stützende Art der gotischen Raumkomposition, wie sie noch in dem nahen *Wesel* herrscht, ein strengeres Zusammenhalten der Massen, das trotz der ausserordentlichen Dimensionen durch die Mässigung in den ornamentalen Teilen harmonisch in die Erscheinung tritt.

Als Charakteristikum der westklevischen Bauschule lässt sich dies Moment auch in den grossen Basilikalbauten der Gruppe verfolgen. In der Pfarrkirche zu *Kranenburg*,[1]) die am Anfang des 15. Jahrhunderts begonnen und 1436 vollendet wurde, geht der Grundriss wieder mehr in die Breite. Der Chor — dessen Bildung durch die Gestalt des aus dem 14. Jahrhundert stammenden Südschiffs beeinflusst wurde — verfolgt das Gruppenprinzip und lässt seinen Mittelteil, um dessen Übergewicht über die flacheren Seitenschiffe mehr zu betonen, um ein, den Jochen des Mittelschiffs entsprechendes Joch nach Osten heraustreten. Das Gewölbe ist wieder einfach, wird aber von ziemlich starken, nach niederländischem Muster scharf und reich gegliederten Pfeilern getragen; die drei Schiffe sind gleich breit, das vierteilige Fenster in dem eingebauten (unvollendeten) Westturm, ein echt niederländisches Motiv, entspricht in seiner breiten Öffnung und reichen Ausstattung dem Charakter des Baus, in dem der Backstein die Sprödigkeit und Strenge seiner Formen überwunden zu haben scheint und an lebendiger Pracht mit den Gebilden des Hausteins wetteifert.

Die Entwicklung der spätgotischen Architektur in Süddeutschland, in Westfalen und am Niederrhein hat uns bis tief in das 15. Jahrhundert hineingeführt. Der Grundton der baukünstlerischen Thätigkeit in diesen Ländern, das Streben nach Vereinheitlichung des Raumes durch Verteilung der Massen nach selbst geschaffenen und durchgebildeten Gesetzen, hat die Verschiedenheiten der nationalen Geistesart durchdrungen und zum Teil überwunden. Das neue Stilprinzip wird immer schärfer durchgebildet, immer kühner ausgeweitet: Bauten wie die *Frauenkirche in München*, der Chor der *Marienkirche in Lippstadt* und die *Willibrordikirche zu Wesel* bezeichnen, jeder in seiner Art, Höhepunkte, die den Glauben nicht aufkommen lassen, dass die Entwicklung der Gotik in dieser Zeit schon in absteigender Linie vor sich gehe.

Die Überzeugung, dass wir es hier mit etwas Neuem zu thun haben, das sich von der vorangegangenen Periode scharf abhebt, wird sich noch mehr festigen, wenn wir die Werke der Baukunst in dem Lande einer Betrachtung unterwerfen, das bis dahin in der Geschichte der Gotik noch keine Rolle gespielt hatte, in Sachsen.

---
[1]) Clemen. V. Kleve S. 92.

Sachsen.

Da die politischen und religiösen Verhältnisse, unter denen in der Mitte und gegen das Ende des 15. Jahrhunderts eine künstlerische Entwicklung in Sachsen, speziell in Obersachsen und dem Erzgebirge vor sich gehen konnte, von den Zuständen, die um diese Zeit im Reiche herrschten, sich deutlich abheben, so sei hier mit einigen Worten darauf eingegangen. Der Umschwung, der die Entwicklung auf sozialem Gebiete ganz besonders betraf, gründet sich zum grössten Teil auf die Thatsache, dass in der zweiten Hälfte des 15. Jahrhunderts durch mehrere glückliche Funde der Bergbau einen ungeahnten Aufschwung nahm. Zwar schon seit dem 12. Jahrhundert war die Gewinnung von Metallen, namentlich von Silber, im Erzgebirge systematisch betrieben worden, aber erst in dieser Zeit gewann der Bergbau grössere Ausdehnung, besonders seitdem an die Stelle des anfangs allgemein üblichen Raubbaues ein durch die landesherrliche Gesetzgebung geregelter Betrieb getreten war. Bis in die entlegensten Thäler, über die unwohnlichsten Berge ergoss sich der Strom der Erwerbsuchenden, und bald mussten neue Ansiedlungen entstehen, um die ganze Schar der Arbeiter aufzunehmen, konstitutionelle Satzungen, um die wilde Menge in Zucht und Ordnung zu halten. In den siebziger Jahren entstand so, aus den kleinsten Anfängen heraus, die Stadt *Schneeberg*, und noch vor Beginn des neuen Jahrhunderts wurde der Grundstein gelegt zu der Stadt, die dann der Mittelpunkt des ganzen neuen Erwerbsgebietes und der Hauptsitz auch der staatlichen und kirchlichen Behörden werden sollte, *Annaberg*.

In einer Zeit, wo orthodoxer Fanatismus, oppositionelles Asketentum und praktische sozialreformatorische Agitation die Gemüter mit ihrem Geiste erfüllten, wo die Beziehungen zu dem energischen, verketzerten Böhmenkönig Georg Podiebrad das Land politisch in die schwerste Bedrängnis brachten, konnten die Kinderjahre der neuen Gründungen keine leichten sein. Den Abschluss dieser Wirren brachte der endliche Sieg der landesherrlichen Macht; die religiöse Not wurde, freilich erst im neuen Jahrhundert, durch die Reformation gehoben. Wenn auch gleich im Beginn der neuen Bewegung das Auftreten der Carlstadt und Münzer den jungen Glauben in schwere Bedrängnis brachte, so ist doch später, besonders seit Luthers persönlichem Erscheinen, die Reformation in allen Teilen gesichert worden, bis schliesslich durch die Anerkennung des Protestantismus von Seiten der staatlichen Gewalt des Katholizismus fast völlig aus dem Lande verschwand.

Wenn auf diesem Boden, dem Schauplatz der mannigfachsten politischen und religiösen Kämpfe und der Geburtsstätte einer neuen sozialen Klasse, überhaupt die Kunst Wurzel schlagen und zu nennenswerten Erzeugnissen Kraft und Anregung finden konnte, so mussten diese ihre Leistungen wohl ein ganz anderes Gepräge tragen als die der Vergangenheit und der Nachbargebiete. Und da war es wieder

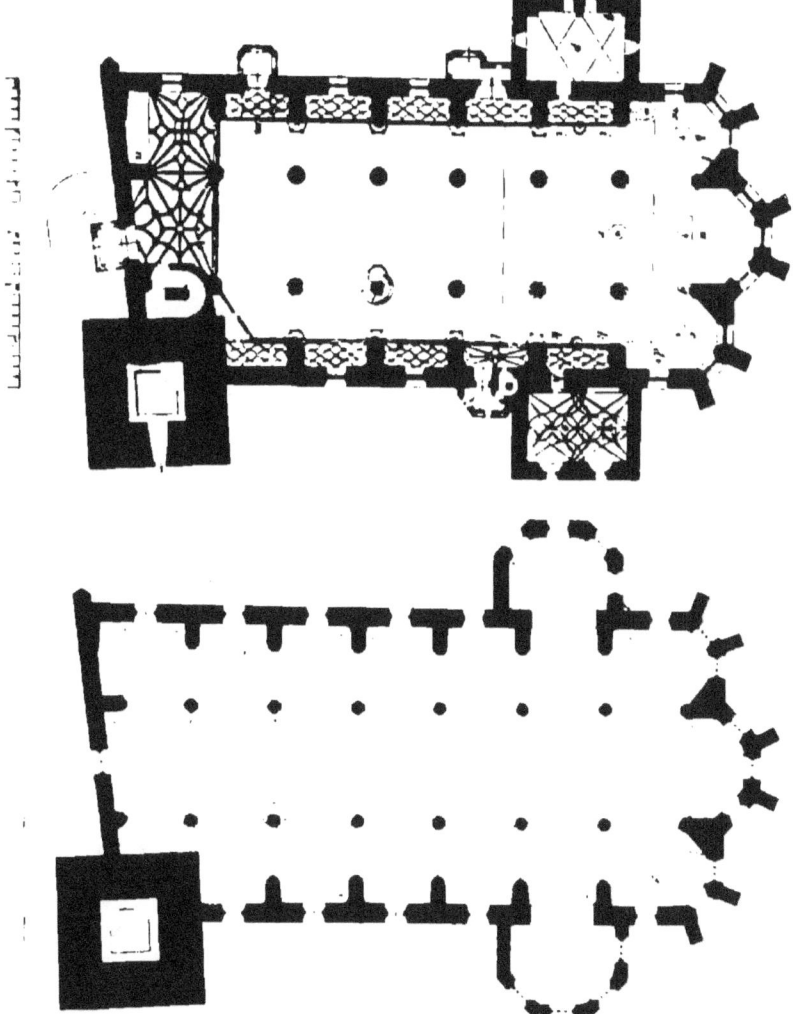

Abb. 58. St. Annakirche in Annaberg. (Nach Stiehr.)

die Architektur, in der sich der Geist jener Zeit, jener Menschen am reinsten wiederspiegelte. Für die Malerei fehlte ebenso wie für die Skulptur die freie Schaffensfreude; noch waren weder die materiellen Kräfte noch die künstlerischen Anschauungen stark und lebendig genug, um hier mit dem Zwange der Tradition zu brechen und selbständige Formen zu finden. Das religiöse Empfinden verlangte zwar stetig noch nach Abbildern der göttlichen Personen, aber es begnügte sich auch mit jenen rohen Produkten, wie sie, in Stein und Holz, in grossen vielteiligen Altarstücken noch heute vielfach in den sächsischen Kirchen zu finden sind. Anders stand es mit dem Wunsche, würdige Stätten für die religiösen Übungen zu gewinnen. Da genügten nicht mehr die oft nur ganz einfach aus Holz errichteten Bauten der früheren Zeit; das starke Selbstbewusstsein der Bürger, der Stolz der neuen städtischen Korporationen musste sich in selbstersonnenen, selbsterschaffenen Räumen ausleben. Sobald nur die ersten Schwierigkeiten des ungewohnten Daseins überwunden waren, stieg ein Gotteshaus neben dem Sitz der Obrigkeit empor. Meist war es zuerst nur aus Holz gefügt, bloss geeignet, den Altar und die heiligen Gefässe u. s. w. zu bergen. Aber in kurzer Zeit machte es dann einem festen Steinbau Platz und die Anlage des Fundaments verhiess oft eine Ausdehnung des Ganzen,

Abb. 19. St. Annakirche in Annaberg; Längsschnitt. (Nach Steche.)

die das Vermögen der Bürgerschaft weit übersteigen musste. Es erschien als eine Ehrenpflicht jeder Stadt, einen Teil ihres materiellen Wohlstandes so dem Höchsten zum Opfer zu bringen, und es war der Gegenstand eifrigen Wettbewerbes zwischen den einzelnen Städten, den umfangreichsten Kirchenraum, den höchsten Turm im Lande zu besitzen. Wo sich schon ein Bau aus früherer Zeit vorfand, gestaltete man ihn wenigstens den Bedürfnissen der Zeit entsprechend um, nach Grösse und Schönheit; Türme wurden errichtet und das Langschiff entweder eingewölbt oder mit Seitenschiffen und Kapellenanbauten versehen.

Im Mittelpunkte der Geschichte der Architektur im sächsischen Erzgebirge steht die *Stadtkirche St. Anna zu Annaberg*.[1]) (1499 begonnen, 1520 gewölbt, um 1525 vollendet.) Es ist eine dreischiffige Halle, getragen von sechszehn achteckigen Pfeilern, deren Seiten (wie die Kaneluren der dorischen Säule) um der optischen Wirkung willen etwas eingezogen sind. Das Mittelschiff schliesst in einem Polygon,

---

[1]) Steche IV. S. 5 ff.

das aus fünf Seiten des Achtecks gebildet wird, während die Seitenschiffe in flacherem Schluss nur drei Seiten davon aufweisen. Die Strebepfeiler sind in das Innere gezogen und zwischen ihnen sind in nicht ganz halber Höhe Emporen angelegt; vor den gleichfalls in drei eingezogenen Seiten des Achtecks endigenden Pfeilern ragen die Emporen in demselben Verhältnis vor. Das ganze unregelmässige erste Westjoch der Schiffe, durch den Turmeinbau im Süden und die schräge Westwand entstellt, wird von einer breiten Empore eingenommen, welche die Orgel trägt und in direktem Anschluss an die nördliche und südliche Empore errichtet ist. Die Emporen öffnen sich unten in stark gedrückten Spitzbögen; die so entstandenen schmalen, kapellen-

Abb. 40. Gewölbe der St. Annakirche in Annaberg vor der Restaurierung. (Nach Steche.)

artigen Räume sind mit zierlichen Netzgewölben bedeckt (jetzt durch Holztribünen mit Kirchenstühlen zum Teil verbaut). Einige von ihnen empfangen ihr Licht durch niedrige, vorhangbogige Fenster; der eine, im fünften Joch rechts, ist völlig zugebaut. An das sechste Joch legt sich rechts und links je ein Querschiffarm an, in der Emporenhöhe horizontal geteilt; die Räume unten dienen als Sakristei und Kapelle, die oberen erhalten ihren Abschluss in der Art des Chores nach Massgabe des Systems, das auch die Gestalt der Pfeiler und Strebepfeiler bestimmt hat, im Achteck. Sie erheben sich als offene Hallen bis zur Höhe des Schiffes und sind mit feinen Sterngewölben gedeckt. Der ganze Bau ist nicht hoch gewölbt, da die scharfen Rippen an den Pfeilern auf kleinen Konsolen (dicht unter der Decke) ziemlich hoch oben ansetzen. Die Decke zeichnet sich durch ein reiches Netzgewölbe mit auffallend grossen Schlussteinrosetten aus. Die Fenster über den Emporen sind oben rund und reichen fast bis zur Decke, über der Orgel strahlt, in Gelb und Rot, eine Rose, die einzige Lichtquelle an der Westwand, die so stark in Dunkel gehüllt bleibt. Die Stelle, wo das Licht am stärksten zusammenflutet, ist der Teil vor dem Hauptaltar: aus den sechs Fenstern der Querarme dringt hier die Helligkeit herein, und weil auch dieser

Abb. 41. St. Annakirche in Annaberg nach der Restaurierung.

Platz von Kirchenstühlen gänzlich frei gehalten ist — nur das Taufbecken erhebt sich in der Mitte — erscheint er fast als ein wirkliches Querschiff mit Vierung, obwohl er natürlich nicht breiter ist als die übrigen Joche. Da man vom Eingang aus die wichtigste Lichtquelle nicht sieht oder wenigstens ihre wirkliche Anlage nicht erkennen kann, so ist die Wirkung dieses strahlend hellen Teiles, hinter dem sogar wieder der Chor etwas ins Dunkel zurücktaucht, doppelt überraschend und eindringlich. Der Baumeister hat es verstanden, ohne von seinem Grundplan, der geschlossenen Halle, abzuweichen, durch die so gegliederten Aubauten jenen Lichteffekt zu erzielen, der bei den Bauten der Hochgotik allgemein bekannt war und der Idee jener Anlagen auch ganz entsprechend verwendet wurde. Trotz seiner Höhe wirkt der ganze Raum nicht schlank, da die Breite des Mittelschiffes über 9 m beträgt. Einen erhöhten Reiz erhält er infolge der feinsinnigen und wirkungsvollen farbigen Ausstattung. Durch sie in Verbindung mit den verschiedenartigsten Beleuchtungsgraden, den reichen Profilierungen und dem zierlichen Spiel der Rippenübersetzungen kommt ein intimer, gemütvoller Zug in das Ganze, wie ihn kaum eine andere Kirche jener Zeit aufzuweisen hat. Die Hauptflächen sind in einem warmbräunlichen, sammetartigen Ton gehalten, die Decke ist hellblau, die Rippen sind wieder braun, an den Überschneidungen rot. Alle auffallenden Nuancen sind vermieden: das tiefe Braun der geschnitzten Stühle unter den Emporen der Querarme fügt sich dem Gesamtcharakter ebenso gut ein wie die Bemalung der hundert Reliefs, mit denen die Emporenbrüstungen geschmückt sind und das Steingrau des Renaissancealtars im Hauptchor. Steht diese Erscheinung wohl auch im Widerspruch mit dem sonstigen Streben der Gotik nach weiten, gewaltig sich emporwölbenden und oft gerade durch den Mangel an Ornamentik ernst und charaktervoll wirkenden Räumen, so entspricht sie doch ganz dem Geist, der den Baumeister dieses Werkes beseelte und der wiederum nur der Wiederschein war eines nationalen und zugleich persönlichen Empfindens.

Ein weiter Raum, gross genug, um die Schar der Andächtigen sich frei ausbreiten zu lassen, eine Choranlage, in der sich die Bedeutung der einzelnen Schiffe klar ausprach, mit sicherer Betonung der Mittelaxe, ohne die beiden Seiten zu vernachlässigen; die Emporen dem Raume organisch eingefügt und die von ihnen gebildeten Kapellen geschickt zu zweckmässiger Verwertung gebracht; die Arme des Querschiffs im Sinne der gesamten Komposition praktisch als Sakristeien und Sammelpunkte in der höheren Region, künstlerisch als Lichtspender ausgenutzt und konsequent der Choranlage folgend im Polygon geschlossen, um auch hier jede Härte zu vermeiden und dem harmonischen Geist des Raumes gerecht zu werden: — so steht der Bau vor uns, als das Musterbild eines bürgerlichen Gotteshauses, im Geiste einer zwar praktisch-realen, fast nüchternen religiösen Stimmung, aber dafür frei von orthodoxer Gebundenheit oder mystischer Träumerei. Dem Vertikalcharakter der Gotik, dem Hochstreben aller Glieder, wie es in den Bauten der Blütezeit in die Erscheinung trat, widersprach die Anlage der Emporen. Sie traten in nähere Beziehung zu dem Boden, auf dem das menschliche Treiben, hier die gottesdienstlichen Handlungen, sich abspielte, sie liessen den Andächtigen engeren Anschluss finden an den Prediger, der dort an der Kanzel, in der Mitte der Gläubigen das Wort verkündete. Der Altar war nicht mehr weit abgerückt von der Gemeinde, fern an das Ende des vieljochigen Chores, wo die lithurgischen Bräuche, von Weihrauchwolken umwallt, im Schein der Kerzen dem Auge und Ohr des Frommen nur von einem Schleier umhüllt sich darstellten, sondern klar trat er hervor im Tageslicht, und knapp hinter ihm schloss sich der Raum zusammen, jede Seitenhandlung verbannend. Allen sichtbar trat der Priester aus der Sakristei hervor, durchschritt den freien Raum, wo durch die Querarme gleichsam imaginär die Vierung angedeutet war, und verschwand nach Schluss der Ceremonie ebenso wieder der Gemeinde. Alle jene umständlicheren, prozessionsmässigen Aufführungen, die in dem Umgang und Kapellenkranz eine Stätte gefunden hatten, fielen naturgemäss fort. Zwei grössere und zwei kleinere Nebenaltäre entsprachen in den Seitenchören dem Prinzip der Gruppenbildung, wie es in derdreiteiligen, klar disponierten Choranlage hervortrat.

An Stelle der Tiefendimension der Chorpartien der hochgotischen Periode, besonders der französischen Kathedralkirchen, war die Breitendimension getreten: eine malerische Auffassung hatte über das spezifisch architektonische Schaffen die Oberhand gewonnen. Die Stelle, wo die Lebenscentrale des katholischen Kultus liegen sollte, zieht sich aus dem dreidimensionalen Raum zurück, sie tritt in die

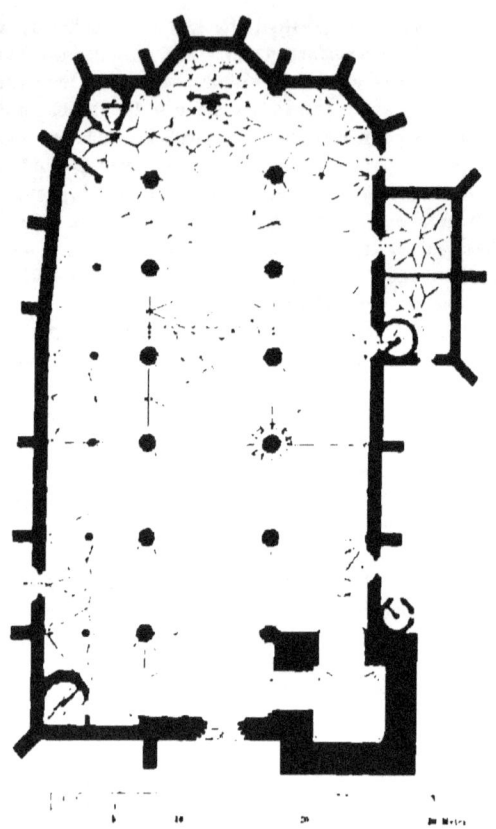

Abb. 42. Stadtkirche St. Marien in Pirna. (Nach Stiehe.)

Fläche ein und fügt sich damit mehr als Begrenzung des Raumes, den sich die Gemeinde schuf, denn als selbständiges, mit eigenem Leben und adäquater Daseinsberechtigung ausgestattetes Raumgebilde der architektonischen Schöpfung im Ganzen an. Altardienst, Messe und Hochamt sind nur noch ein Teil des Rahmens, der die Feier der Gemeinde umschliesst; so kann auch der Raum, in dem sie sich vollziehen, sich der freien Halle unter- und einordnen, die der Gemeinde eine Stätte bietet. Das Collectivum der Laien ist die Seele des Ganzen geworden, die Raumeinheit liegt also allein in der Halle, nicht mehr in der Vierung, wo die Vereinigungsstelle zwischen Presbyterium und Langhaus sonst gelegen war, wo aber Klerus dort und Gemeinde hier einander klar gesondert gegenüberstanden. Als Sammelwesen von lauter Individuen, die ihren Verkehr mit dem Überirdischen persönlich unterhalten, soll die Gemeinde den gesamten Raum souverän beherrschen: nur für sie ist das Messopfer, das der Priester als ihr Verordneter vollzieht, nur für sie erst recht die Predigt, bei der der Verkünder des Wortes mitten unter sie tritt. So bietet sich uns in der künstlerischen Umgestaltung des Gotteshauses ein klares Bild des Umschwunges, in dem das religiöse Gefühl jener Zeit sich befand: der nahende Protestantismus kündet sich in der Kirchenanlage eines weltentlegenen Gebirgsstädtchens an; aber noch ehe der Bau ganz gediehen, ist der Bann gebrochen und siegreich zieht der neue Glaube in das Haus ein, das seinem Geiste so trefflich entsprach.

Fragen wir nun, wie die äussere Erscheinung unseres Baues sich zu dem Geiste verhält, der im Innern waltet, so müssen wir die Konsequenz der Idee auch hier anerkennen. Die schräge Westwand, durch die breite Freitreppe mit der natürlichen Basis verbunden, und die Verlegung des mächtigen Turmes auf die eine Seite weisen mit Nachdruck auf eine malerische Auffassung auch dieser Teile hin. Das traditionelle Schema der Symmetrie, das für jedes Glied entweder ein Gegenstück

Abb. 43. Stadtkirche St. Marien in Pirna. (Nach Steche.)

oder, wenn dies nicht möglich, den Charakter des Centralen fordert, ist durchbrochen, wenn die Lösung hier auch noch keine ganz befriedigende genannt werden kann. Eines aber ist erreicht: es steht nicht mehr ein Bau vor uns, dessen mechanisch-struktive Teile den eigentlichen Kern, den geschaffenen Raum, ganz überwuchern, wo wir, überwältigt von der Kühnheit und Phantasie der sichtbaren Mittel, uns vergeblich die wahre Gestalt der unsichtbaren Zweckerscheinung klar zu machen suchen. Der innere Kompromiss, zu dem der Betrachter des Aussenbaues zum Verständnis des Inneren stets notwendig sich entschliessen muss, wird wohl nirgends so erschwert wie vor den Erzeugnissen des hochgotischen Kathedralstiles. Die Annaberger Kirche dagegen stellt sich von aussen als das dar, was sie im Innern sein will; eine Halle mit zwei Seitenbauten in der Breitenrichtung — damit unwillkürlich das alte Kreuzschema wahrend — und einem dem Auge wohlthuenden Abschlusse nach aussen an der Hauptwand: dem Chor mit seinen beiden Trabanten. Kein Strebepfeiler ragt auf, kein Strebebogen schwingt sich einer unsichtbaren

Abb. 11. Pirna, Marienkirche. Gesamtansicht des Innern.
(Nach Blätter f. Architektur u. Kunsthandwerk.)

Wölbung entgegen: nur am Chor klingt in den wenigen das Polygon markierenden schlichten Pfeilern noch ein Rest des Jahrhundertelang gebrauchten Bildes an. Der Turm drängt sich eng an den breiten Hauptbau. Noch war die Formel nicht gefunden, um dem Gebäude, wie es vor den Augen der Stadt sich erhob, Schmuck und feinere Gliederung zu verleihen, aber das Kleid übertriebener gotischer Zierweise war abgestreift und die Fläche frei, die Formen einer neuen Kunst zu tragen.

Wenige Jahre nach dem Beginn des Annaberger Kirchenbaues fällt die Gründung der *Stadtkirche zu Pirna*,[1]) im Anschluss an einen Turmbau, der noch aus dem 15. Jahrhundert stammte. Die Vollendung des Schiffes geschah im Jahre 1546, also in einer Zeit, wo die Reformation in der Stadt schon festen Fuss gefasst hatte. Die Ähnlichkeit

Abb. 45. Chorgewölbe der Stadtkirche in Pirna. Nach Steche.)

des Grundrisses mit dem der Annaberger Kirche ist unverkennbar, und wir können wohl annehmen, dass sich die Hand eines Meisters hier kundgiebt, der in Annaberg der Bauleitung auch praktisch nicht fern gestanden haben muss. Peter von Pirna war in den Jahren bis 1519 in Annaberg thätig und ihm dürfen wir auch die Ausführung der Hauptkirche seiner Vaterstadt zuschreiben.

„A n m. Nach den verschiedenen, vielfach unausgeglichenen Vermutungen bei Steche, Beschreibende Darstellung der älteren Bau- und Kunstdenkmäler des Königreiches Sachsens, Heft I. 57 und IV. 7 erscheint mir die Möglichkeit nicht ausgeschlossen, dass Peter von Pirna um 1504 den Plan zu der Pirnaer Kirche entwarf, mit Kenntnis des Annaberger Entwurfes; dann nach Vollendung der Langseiten 1508 in Annaberg praktisch den

---

[1]) Steche I. S. 56 ff.

Betrieb mitstudierte, und endlich, als im Jahre 1518 durch entstandene Schäden im Mauerwerk der Bau ins Stocken geriet, nach Pirna zurückkehrte, um sein Werk weiterzuführen. Ob er die Vollendung miterlebt, oder gar selbst durchgeführt hat, wissen wir nicht.

Auch hier eine dreischiffige Halle mit sieben Jochen, und achteckigen konkavseitigen Pfeilern. Die Abflachung des Chores ist noch einen Schritt weiter gegangen. Der Abschluss des Mittelschiffs wird nur noch aus drei Seiten des Sechsecks gebildet, und bei den Seitenschiffen ist die Ecke der sonst üblichen geradlinigen Wand schräg abgeschnitten. Das so entstandene Polygon kann aus dem diagonal gestellten Achteck erklärt werden. Der Abschluss des nördlichen Seitenschiffes ist unregelmässig gebildet, überdies durch den Treppeneinbau mit der anschliessenden Empore entstellt. Im Übrigen unterscheidet sich das Innere von der Annaberger Kirche dadurch, dass nicht die Strebepfeiler in das Innere verlegt sind und so die Emporen sich organisch einfügen, sondern die Emporen nur an der nördlichen und westlichen Wand und zwar viel später, 1570 und 71 schon in den Formen der Renaissance mit Rundbogen und Säulen, hinzugefügt wurden. Sein charakteristisches Gepräge empfängt der Raum durch die reiche und kunstvolle Dekoration des Gewölbes; ein System scharf profilierter, stark vortretender Rippen ist zwischen die Pfeiler gespannt, stellenweise ganz von dem Grunde losgelöst und frei herabhängend. Als Stützen dieser Last schoben sich von der Wand aus eine Reihe naturalistisch gebildeter, von phantastischen Fabelgestalten gehaltener, steinerner Stämme vor. Hier war der Bruch mit dem strengen Vertikalismus der Gotik geschehen: die Decke war nicht mehr das Zusammenschliessen aller aufstrebenden Glieder, sondern eine schwerlastende Masse, breit sich hinlagernd über die Pfeiler von Wand zu Wand. Die Rippen fanden keine natürlichen Ausgangs- und Stützpunkte in Pfeiler und Konsolen, sondern trieben halt- und zwecklos an der flachen Decke ihr Spiel, aus der struktiven Notwendigkeit sich freimachend und der dekorativen Willkür zum Opfer gefallen. In malerischem Wechsel konnten Licht und Schatten in dem Gewölbe ihre Reize entfalten, aber die tektonische Sicherheit, die Einheit mit dem Raum als Ganzem und die Harmonie mit den Gliedern im Einzelnen war verloren gegangen. Der Meister hatte sich von seiner technischen Geschicklichkeit verleiten lassen, den Grundgedanken des Baues aus den Augen zu verlieren. Der sicher gegliederte, ernste und durchaus zweckmässige Raum erhält durch das überreiche Gewölbe den Anstrich eines selbstgefälligen, spielerischen Luxus. Die letzten Ausgeburten einer in jahrelanger Arbeit errungenen Fertigkeit stehen dem Erzeugnis klar-bewusster Raumkunst fremd gegenüber.

Wir haben gesehen, wie der Zug der Gotik, die in die Tiefe gehende Langsaxe zu betonen und besonders auch im Chor die Längsanlage durch Hereinziehen der perspektivischen Wirkung den massgebenden Eindruck bestimmen zu lassen, in der wachsenden Breite und Höhe der Seitenschiffe und Einfügung der Axe des Chorgewölbes in das Mittelschiff selbst einen Gegner fand. Nicht allzuweit von unserm Gebiet, im östlichen Nachbarlande, in Schlesien, fand die neue Bauform einen Vertreter in der Kirche *St. Peter und Paul su Görlitz*.[1]) Schon 1497 sind hier die Gewölbe des fünfschiffigen Baues vollendet. Der Ostabschluss ist in der Weise gefunden, dass das Mittelschiff in fünf Seiten des Achtecks, die

---

[1]) Puttrich. 2. Abteilung. 2. Band. Lieferung 33 u. 34.

Abb. 46. Marienkirche in Pirna. Blick gegen Kanzel und Empore.
(Nach Blätter f. Architektur u. Kunsthandwerk.)

inneren Seitenschiffe in drei Seiten des Sechsecks, die äusseren gerade geschlossen sind: eine wirkungsvolle Steigerung des Prinzips, die bei dem Mangel eines Querschiffs den weiten Raum vollständig zu beherrschen vermag. Der perspektivische Durchblick in den Wald von Pfeilern kann über die künstlerische Einseitigkeit wohl hinwegtäuschen.

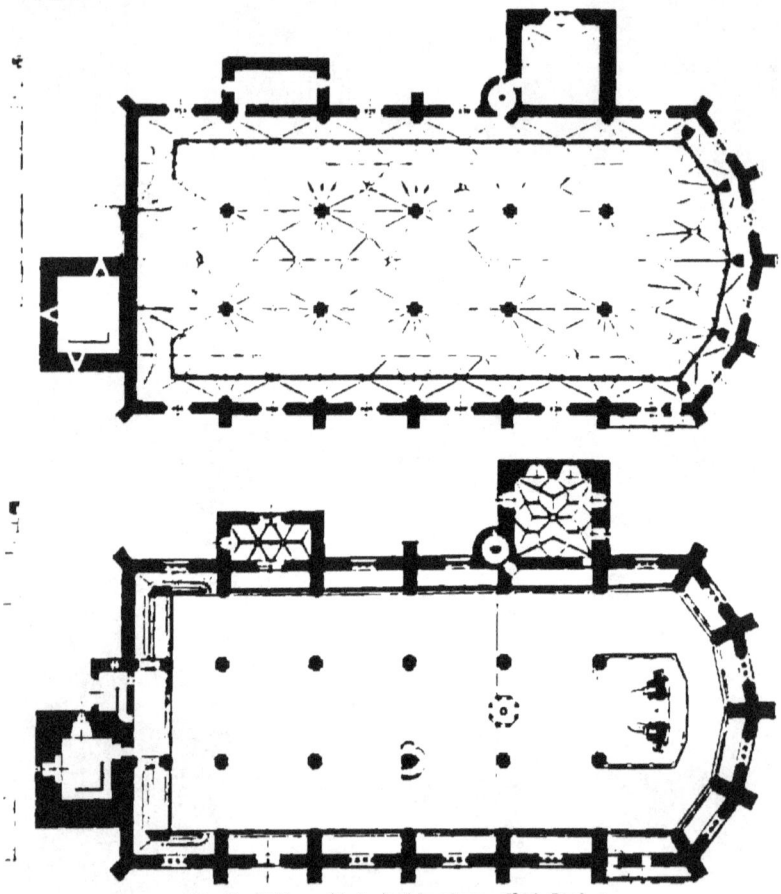

Abb. 47. Wolfgangskirche in Schneeberg. (Nach Steche.)

Unweit von *Annaberg*, auch politisch der Hauptstadt des neugeschaffenen Kulturlandes, erfuhr das System der freien Raumschöpfung, hervorgerufen durch eine harmonisch vermittelte Gleichstellung von Schiff und Chorpartie, dann einen bedeutungsvollen Ausbau. Die *Wolfgangskirche zu Schneeberg*[1]) ist gleichsam eines der spätesten Reiser an dem Baume der Gotik. Der Beginn des gewaltigen Baues fällt in das Jahr 1515, also in eine Zeit, wo jene beiden erstbesprochenen

[1]) Steche VIII. S. 29 ff.

Kirchen schon weit gediehen waren. Die Gewölbe wurden 1526 fertig gestellt, bis in die vierziger Jahre zog sich die Vollendung hin. Der Meister Hans von Torgau war im Jahre 1519 als Sachverständiger nach Annaberg berufen worden, hatte also jenen Bau schon bis auf das Gewölbe vollendet gesehen, und vermochte wohl die künstlerischen Eindrücke, die er da empfangen hatte, in seinem eigenen Werke mit zu verwerten. Und wahrlich ist die Sprache, die er hier redet, die eines selbständigen, freidenkenden Künstlers, frei von zünftlerischen Vorurteilen, geläutert durch eindringliches Studium und gestützt auf die reichsten technischen Kenntnisse. Er errichtet eine Halle von drei fast gleichbreiten Schiffen: zehn schlanke Pfeiler tragen die Decke, deren Gewölbe von einem einfachen, fünfzehnmal wiederkehrenden Rippennetz gegliedert wird. Das Mittelschiff dominiert nicht mehr, sondern bildet mit den Seitenschiffen zusammen einen grossen Raum, der alle drei Dimensionen in gleicher Weise zur Geltung kommen lässt. Denn auch die Anlage des Chores, wenn man noch von einem solchen reden kann, entspricht diesem Eindruck. Vier Seiten des Sechzehnecks verbinden da die Nord- und Südwand, so dass also in der Mitte ein Pfeiler zu stehen kommt: so wird die Centrale im Mittelschiff, wenn auch im Gegensatz zu dem klassischen Schema, deutlicher betont, als wenn die gerade Wand mit dem Fenster diese Stelle einnähme, die man bei der Flachheit des Schlusses kaum noch als Teil eines Polygons empfinden würde. Der ideale Mittelpunkt des Sechzehnecks fällt damit ziemlich in die Mitte des letzten quadratischen Mitteljoches, nicht weit von dem Orte, wo jetzt das Taufbecken steht. Es erscheint mehr, als ob es dem Meister widerstrebt hätte, die östliche Hauptwand ganz gerade zu lassen, als ob er das Verhältnis zu der Aussenwelt etwas harmonischer ausgleichen, vielleicht das Umgehen des wertvollen Altarstückes habe erleichtern wollen, als dass ihn noch eine Vorstellung von der originären Bedeutung des Chores durchdrungen habe. Und ein Zweites kommt hinzu, die unmittelbare Zugehörigkeit dieses Teiles zu dem Gemeinderaum auszudrücken. Die Strebepfeiler sind in ihrem unteren Abschnitt in das Innere der Kirche hereingenommen und tragen schmale Emporen. An der Westwand springt die Orgelempore in barocker Biegung weit in den Raum vor, von zwei Säulen getragen. Aber sei es nun, dass es den Baumeister ästhetisch nicht befriedigte, die Emporen mit dem letzten geraden Ostjoch glatt abzuschneiden, sei es, dass aus praktischen Gründen eine direkte Verbindung der vielgebrauchten Galerien in dem weiten Raum sich notwendig machte: er durchbrach die breiten, inneren Chorstreben und führte, unbekümmert um die Bedeutung des Ortes, die Emporen an den vier Seiten weiter, von Wand zu Wand, in gleichmässiger Höhe. Damit war der letzte Schritt gethan, den Vertikalismus, wie er früher gerade im Chor, in den schmalen Seiten des Vielecks mit den schlanken Fenstern am reinsten zur Geltung kam, zu durchbrechen und die Stätte der heiligen Handlungen selbst dem Horizontalismus zu unterwerfen. Und hier ist es wirklich der Protestantismus, dessen Einfluss diese Anlage zur Folge hatte: die Emporen sind in den Jahren 1536 und 1537 errichtet: zwei Jahre vorher hatte sich die Reformation der Stadt bemächtigt und drückte nun sofort dem gewaltigsten Überrest katholischen Glaubenseifers den Stempel ihres Geistes auf. Erst seit im Anfang des 18. Jahrhunderts an Stelle des einfachen Cranach'schen Altarwerkes ein mächtiger, fast bis zur Decke reichender Barockbau getreten ist, kann das Auge dem Umlauf der Empore in seiner vollen Ausdehnung nicht mehr folgen. Aber es muss für jene Zeit von eigentümlicher

Wirkung gewesen sein, wenn nicht nur in der Halle gesammelt, sondern sogar rings auf der Galerie verteilt die Gläubigen sich um den Prediger scharten, wenn die Ceremonien des Gottesdienstes gewissermassen im Herzen der Gemeinde vor sich gingen.

Haben wir gesehen, welche bedeutenden Fortschritte vom künstlerischen und geistesgeschichtlichen Standpunkte aus der Bau aufweist, so können auch die Mängel nicht verschwiegen werden, die eine reine Freude an dem Werk unmöglich machen. Da empfinden wir vor allem eine gewisse Nüchternheit der Erscheinung, hervorgerufen durch die ornamentale Armut und die farbige Eintönigkeit. Die Wölbungen sind im Verhältnis zu den schlanken Pfeilern und den enormen Pfeilerabständen zu niedrig; dadurch und infolge der geraden Linien der Emporenbalustrade, die nicht einmal wie in *Annaberg* durch rhythmisch sich wiederholende Vorkragungen belebt wird, kommt etwas Lastendes, Trübes in den Raum. Die riesigen Dimensionen nach Höhe und Breite wirken mehr erkältend als erhebend. Wohl müssen wir die technische Meisterschaft bewundern, die diese Gewölbe auf solch dünne Pfeiler zu stellen wagte; aber das Höchste, was uns allein volle Befriedigung gewähren kann, die künstlerische Harmonie der Verhältnisse ist nicht erreicht. Das war es gerade, was dem Annaberger Bau den Stempel der Vollendung aufdrückte. Der warme Hauch vorwärtsstrebenden individuellen Geistes, der uns dort umwehte, ist hier verflogen und imponierend in ihrer geschlossenen Grösse, aber herb und kalt tritt die neue Zeit vor uns hin.

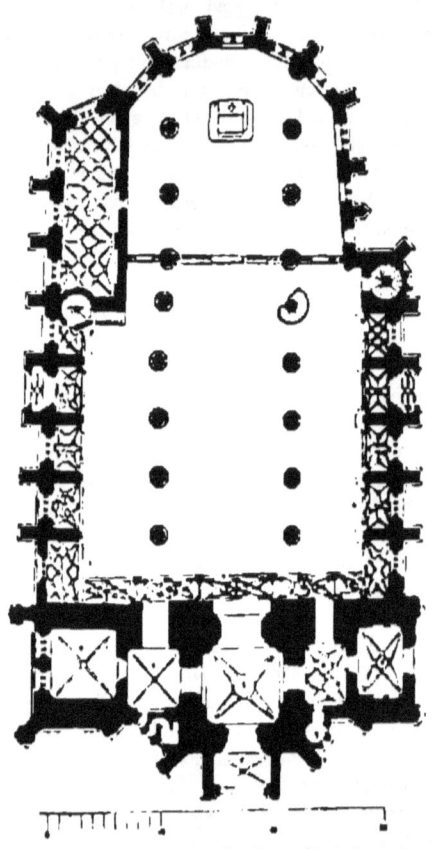

Abb. 48. Marienkirche in Zwickau. (Nach Steche.)

Auch der Bau, der gleichsam ein Kompendium der obersächsischen Baugeschichte durch annähernd zwei Jahrhunderte darstellt, musste die Einwirkung der neuen Bauprinzipien an sich erfahren: die *Marienkirche zu Zwickau*.[1]) An ornamentalem Reichtum, an Freiheit und Pracht der künstlerischen Durchführung im Einzelnen steht sie an erster Stelle, freilich trägt sie, fast ein Jahrhundert lang

---

[1]) Steche XII. S. 80 ff.

das Opfer von Veränderungen und Ergänzungen, nicht den Charakter der Einheitlichkeit, wie etwa die Annaberger Anlage. Um so interessanter ist es zu beobachten, wie durch die Mannigfaltigkeit der Gliederung doch ein grosser Zug geht, und die Wirkung, die der Bau, besonders auch in seinem Äusseren noch heute auf den Beschauer ausübt, stellt sich dem Höchsten an die Seite, was auf diesem Gebiet erzielt werden kann. — Nach mancherlei Versuchen — die Gründung geht bis ins 12. Jahrhundert zurück, im 14. Jahrhundert fällt die schon weit fortgeschrittene Anlage einem Brande zum Opfer — entstand der Chor, wie er in der Hauptsache noch jetzt dasteht, in den Jahren 1453—75; 1473—1506 wurde der

Abb. 49. Marienkirche in Zwickau: Querschnitt. (Nach Steche.)

Turm, 1505—17 der nördliche Choranbau errichtet, darauf das Gewölbe des Mittelschiffs erneuert, die südliche Verbreiterung des Schiffes durchgeführt u. s. f., bis im Jahre 1538 alle Teile des Baues vollendet waren. (Der Turm erhielt seine jetzige Gestalt mit dem Renaissancehelm 1671—72). Als selbständiges Raumgebilde legt sich der Halle noch eine fünfteilige Vorhalle vor, überragt von dem Turm: eine Kollision des Hauptraumes mit dem Turm, wie wir sie in *Annaberg* und *Pirna* gefunden haben, ist also vermieden, das alte romanische, besonders in Westfalen heimische Prinzip, Turm und Vorhalle zu vereinigen, herübergenommen. Dadurch schuf sich der Baumeister einen gleichmässigen Raum für das Langschiff und zwar musste er ihn dem schon vorhandenen Chor anpassen: eine Aufgabe, deren Lösung ihm glänzend gelungen ist. Er setzte die Reihe der Pfeiler mit nur ganz geringer Abweichung gerade fort, schob die Seitenwände so weit nach aussen, dass drei fast gleichbreite Schiffe entstanden, und errichtete in dem Winkel, der von der Hauptseitenwand und der geraden Ostwand gebildet wurde, den Treppenturm. Die Vermittlung zwischen der Haupthalle, dem wuchtigen nördlichen Emporenbau und dem Chor ist damit hergestellt, freilich dadurch, dass einem sonst nur praktisch wertvollen Teil in dem Bild des Ganzen ein Rang eingeräumt wurde, der ihm wenig zukam. Der Charakter des Chores als selbstständiger, ja wichtigster Teil der ganzen Anlage tritt deutlicher hervor als bei allen anderen bis jetzt betrachteten Beispielen. Ob die schräge Richtung der südlichen Chorwand im Sinne einer bestimmten künstlerischen Wirkung beabsichtigt war, ist schwer zu sagen, jedenfalls kommt sie der perspektivischen Erscheinung entgegen und bereitet auf den polygonalen Hauptabschluss vor. Dieser ist, da das Mittelschiff unbedingt dominiert, in der Weise angeordnet, dass dies in drei Seiten geschlossen ist, die Seitenwand der Nebenschiffe aber nur durch eine Schrägwand mit den Seitenstreben des Mittelteils verbunden sind. Das Ganze

Abb. 50. Marienkirche in Zwickau.

erscheint etwa als der dritte Teil eines Fünfzehnecks, jedenfalls als fünf Seiten eines Polygons, dessen Mittelpunkt beinahe mit dem des ganzen Chores zusammenfällt: die Idee einer centralen Komposition dieser Partie liegt also nicht fern. Die Anlage eines Querschiffs ist natürlich bei einer derartigen Raumkomposition unmöglich; und trotzdem sind es zwei Momente, die wenigstens für einen Augenblick einmal die Vorstellung erwecken können, als sei ein solches vorhanden oder doch mit dieser Schöpfung nicht ganz unvereinbar. Beim Heraustreten aus dem Schiff in das erste Joch des Chores hat man unwillkürlich den Eindruck, als ob dieses, das ja auch faktisch beträchtlich breiter ist als das letzte Joch des Mittelschiffs, die Vierung sei, besonders da die Seitenschiffe ja hier nur halb so breit sind, das Mittelschiff also bei den veränderten Massen unbedingt an Breitenwirkung gewinnt. Und hat man sich erst einmal dieser Täuschung hingegeben, erscheint die obere Partie des nördlichen Choranbaues wie ein neues, fünftes Schiff, da man natürlich im Geiste auf der andern Seite dasselbe Gebilde suppliert; und die Vorstellung liegt nicht fern, getragen von der Betrachtung des sich ausweitenden Mittelraumes, zwei vorspringende Flügel bildeten hier die Trennung zwischen Schiff und Chor. Wie in Annaberg ist der untere Teil des (vermeintlichen) Seitenraumes durch die Sakristei eingenommen und die Erinnerung an die Annaberger Anlage lässt natürlich auch die ganze Illusion leichter ins Leben treten.

Der Reiz der Raumerscheinung im Grossen liegt in der Weise, wie die Gegensätze der architektonischen Teile im malerischen Sinne behandelt sind. Am wirkungsvollsten ist hier die nordöstliche Partie, wo die doppeltgeschlungene Wendeltreppe die beiden ungleich hohen Emporen verbindet, und frei an der Wand bis zur Decke emporsteigt. Die Idee dieser Doppeltreppe ist aus der Profanarchitektur genommen, wo sie als eigener Bau damals aus der Gesamtanlage herauszutreten begann: am Schloss zu Meissen hat sie ihre idealste Gestalt erhalten, die Renaissance hat ihr später noch eine ausgedehnte Verwendung gebracht. So verleiht sie auch hier dem Bau den Charakter des Weltlichen, Festsaalhaften, löst dabei aber praktisch ihre Aufgabe vortrefflich und erweckte jedenfalls als ein Meisterwerk sinnreicher Konstruktion in jener Zeit die grösste Bewunderung. Die wuchtigen Formen der breiten Empore am Chor stehen in wirkungsvollem Gegensatz zu den schlanken Pfeilern, die reichgeschnitzte Balustrade schliesst die massive, ungegliederte Wand charakteristisch ab. Die Bildung malerischer Gruppen, unterstützt durch eine Fülle von Altären, Bildern und Skulpturen an Wand und Pfeilern, und reizvoller Durchblicke in verschiedenartiger Beleuchtung ist dem Künstler als die letzte Aufgabe seines Schaffens erschienen. Die ganze Raumbildung geht ins Breite; besonders der Chor in seiner etwas unsichern Weite mit dem mächtigen Fenster in der Ostwand, wo das Licht in Strömen hereinflutet, verkörpert diese Idee, dazu die niedrig, fast als Tonnengewölbe gespannte Decke mit dem Rippennetz, das sich frei über die ganze Fläche ausdehnt, ohne durch Betonung der Gurt- oder Scheidbögen eine bestimmte Richtung im Zug des Ganzen aufkommen zu lassen. Wohl empfinden wir überall den Pulsschlag eines starken eigenen Lebens, aber es schwingt sich nicht empor zu den Höhen des Lichts, sondern beharrt fest auf dem Boden, der es ernährt und dehnt sich behaglich breit darauf aus, unbekümmert um das, was ausser ihm vorgeht. Die Reize eines stillen, intimen Daseins finden gastliche Stätte, aber alles klammert sich fest an den wirklichen Kern an, nichts wagt sich aus dem fest umschlossenen Raum heraus. Dem steht nicht entgegen, dass die äussere Erscheinung des Baues an liebevollem Reichtum und Zierlichkeit alles übertrifft, was das Land sonst ähnliches hervorgebracht hat. Die Bürger der begüterten Stadt schufen aus ihrem Gotteshaus ein Schmuckkästchen lebendiger und prächtiger Dekoration. Der Bau sollte ein Kleid tragen, das dem wohlhabenden Charakter seiner Schöpfer entsprach: innen wohnten Gottesfurcht und Glaubenstreue, aussen der bewusste Stolz auf verdientes Glück und die Freude an der sinnlich schönen Erscheinung. Tektonisch erhielten die Verbindung zwischen den beiden Sphären und den Zusammenhalt der Form die Strebepfeiler: innen trugen sie die Emporen, aussen stützten sie die Wölbung des Daches, praktisch und ästhetisch ging von ihrem Werte auch nicht der kleinste Teil verloren. Und doch vermögen auch sie des Zuges zum Horizontalen, der durch die ganze äussere Gliederung geht, nicht Herr zu werden. So bildet sich der Bau im Geiste einer klaren, in sich selbst beharrenden Ideenwelt; die Körperlichkeit der Masse ordnet sich willig dem unfassbaren Gegner, dem Raume, unter.

Wie sich die Eigenart der künstlerischen Theorie zur verständnislosen Absurdität auswuchs, sobald der erste stürmische Anprall des praktischen Lebens, des Kampfes um die persönliche Existenz in die gleichmässigen Bahnen einer gesicherten Kulturentwicklung gelenkt war, verfolgen wir schliesslich an der Hauptkirche einer letzten jener Neugründungen, der *Marienkirche zu Marienberg*.[1]) Schon im Zeitalter der reiferen Renaissance 1558 gegründet, entstand sie, nach der Erzählung des Chronisten, nachdem man vorher an der Pirnaer Stadtkirche die Anlage studiert hatte, als dreischiffige Hallenkirche mit Pfeilern und Decke von Holz, die erst im 17. Jahrhundert durch steinerne Säulen und ein steinernes Gewölbe ersetzt wurden. Was uns hier beschäftigt, ist vor allem die Bildung des Chores. Im Gegensatz zu

der Zwickauer Anlage, die auf die Gliederung des mittleren Teiles das Gewicht legt, ist hier die gerade Ostwand im Mittelschiff beibehalten, und nur die Seitenschiffe endigen in zwei Seiten des Achtecks. Die Vereinheitlichung des Raumes durch möglichst einfache Gliederung und gradlinige Begrenzung ist damit auf die Spitze getrieben, die Erinnerung an die polygonale Gestalt der Chorpartie regt sich nur noch in der Behandlung der Seitenschiffe. Die Ostwand ist der Westwand jetzt fast adäquat geworden, der Altar projiziert sich in seiner ganzen Breite auf die einfache Fläche. Eine Empore zieht sich um den ganzen Bau, aber sie

Abb. 51. Marienkirche in Marienberg.

ruht nicht auf den Nebenpfeilern, sondern auf schmalen, mit Halbsäulen versehenen Pfeilern, die mehr als ein Drittel der Seitenschiffe einnehmen, und kaum angedeuteten Wandkonsolen. Den Winkel, den der Polygonschluss der Seitenschiffe bildet, durchquert sie, so dass hier die Nordost- und Südostecke einfach abgeschrägt erscheinen. Im Chor wird sie zu einem massiven Einbau, ohne Öffnung nach dem Innern, der an der Ostseite, direkt hinter dem Altar, die Sakristei einschliesst: eine neue, praktisch höchst beachtenswerte Verwendung des Raumes. Indem das ganze erste Westjoch durch die Orgelempore eingenommen wird, erhält die Halle, an sich schon ausserordentlich schwer in den Formen, etwas ausnehmend Wuchtiges, Gedrungenes. Die dicken toskanischen Säulen, die niedrig gewölbte, rippenlose Decke, alles trägt zu dieser Wirkung mit bei. Von der Betonung einer bestimmten Axe, der Steigerung nach den massgebenden Teilen hin oder der Präzisierung ge-

---

[1]) Steche V. S. 15 ff.

wisser Effekte durch eigenartige Beleuchtungsweisen kann nicht mehr die Rede sein. Eine nüchterne, unbarmherzige Helle durchdringt alle Teile; matte Farben, hellblau und gelb, bedecken Pfeiler, Wand und Gewölbe. Wohl kann man sich vorstellen, dass der Gläubige hier im logisch-strengen Erfassen des göttlichen Wortes Befriedigung findet, aber zu verzehrender, alles Irdische vergessender Andacht ist kein Plätzchen mehr da. Der Kern ist verloren gegangen, um den sich die Gotik schliessen konnte, und so ist von der Form nichts mehr übrig geblieben als ein Zerrbild, das kaum noch den Namen „Gotik" verdient.

Bei allen Kirchen, die wir bis jetzt kennen gelernt haben, konnten wir den bürgerlichen Charakter ihrer Erbauer auch in der architektonischen Komposition deutlich wiederfinden. Dass auch die Klöster sich der herrschenden Strömung nicht entziehen konnten, beweist die *Schlosskirche in Chemnitz*[1]). Ursprünglich eine romanische Anlage mit Querschiff, Chorapsis und zwei begleitenden Apsidiolen an den Querschiffarmen, wurde sie in jener Zeit völlig umgebaut: der Chor erhielt 1499 seinen jetzigen polygonalen Abschluss, und an das Querschiff wurde seit 1514 eine dreischiffige Halle angefügt. Bauherren waren die Mönche des Benediktinerklosters, das auf der Anhöhe über dem See lag; der Hauptleiter und Förderer des Baues war der Abt Hilarius Carpentarius. Der Umschwung in den politischen Verhältnissen überholte die Vollendung der Kirche: schon 1541 wurde das Kloster vom Herzog Heinrich dem Frommen aufgehoben, und sein Haupt, der Abt Hilarius, versagte sich dem neuen Glauben nicht: er starb als Protestant 1557. Der Bau, mit dem sein Name verbunden ist, schliesst sich in der Gestaltung des Raumes der grossen erzgebirgischen Gruppe an; die Empore war ursprünglich nur an der Nordseite und breit ausladend als Träger der Orgel an der Westwand errichtet. Dort ruht sie auf schmalen Stützen, die fast bis zur halben Höhe des Schiffes hinaufführen und mit den äusseren Strebepfeilern korrespondieren; ihre Breite beträgt ziemlich die Hälfte der Seitenschiffe. Das Mittelschiff hat die Breite des Chores; die Querschiffarme, jetzt ebenfalls durch Emporen eingenommen, springen in Seitenschiffbreite aussen vor. Der Chor ist in fünf Seiten des Achtecks geschlossen: die Decke überzieht ein verwirrend reiches Rippensystem. Die Linien der konstruktiven Gliederung sind gänzlich vernachlässigt, in runden Schleifen und verwickelten Durchschneidungen winden sich die Rippen durcheinander. Es kommt nicht mehr darauf an, den Schwung der Wölbung im Einzelnen festzuhalten, sondern als dekoratives Prunkstück tritt die Decke auf, und bis zur blossen Bemalung der Fläche mit allerlei Rankenwerk ist nur noch ein Schritt. Gerade auf diesem Gebiete schafft die deutsche Renaissance mit ihrem Bandwerk, ihrer ausgebildeten Flächenornamentik dann nichts eigentlich Neues, sondern löst nur in ihrem Geiste ab, was ihr schon auf halbem Wege entgegen gekommen war. Die Schlosskirche zu *Chemnitz* vereinigt die schlanke Choranlage und das Querschiff romanischen Ursprungs mit der Halle einer Zeit, die sich schon mit der Renaissance berührte. Der seltsame Kompromiss hat zu nicht unerfreulichen Resultaten geführt: die Klarheit der Gliederung spricht sich auch in dem Aussenbau aus, der schmale Chor löst die breite Halle wohlthuend ab, der Zug in der Tiefe, dem Hauptaltar entgegen, dringt in die Weite des Schiffes ein. Was die letzten Vertreter mönchischer Wohl-

---

[1]) Steche VII. S. 10 ff.

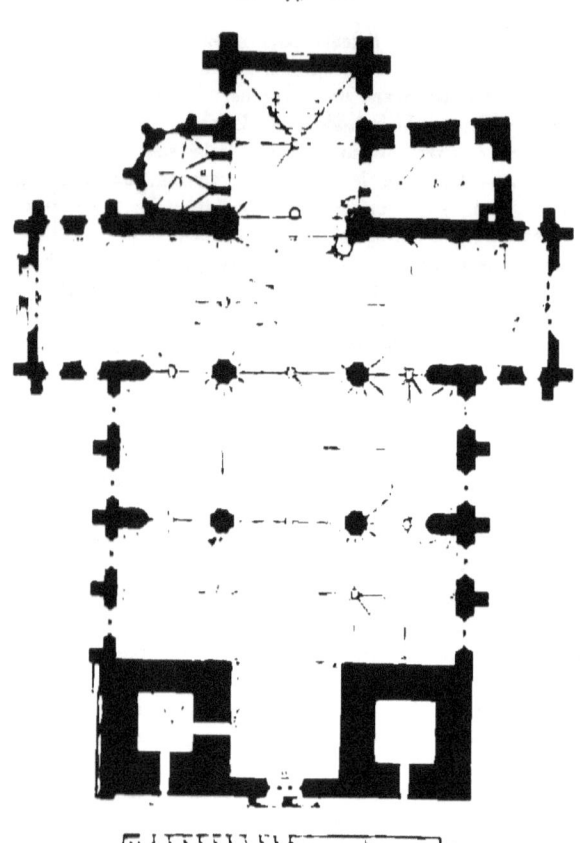

Abb. 52. Johanniskirche in Plauen. (Nach Steche.)

habenheit schufen, hat sich der Protestantismus ohne Mühe zu eigen gemacht, und mit derselben Freiheit lebt er sich in dieser Behausung aus wie einst Pfaffendevotion und Heiligenkult.

Gleichfalls auf den Resten einer romanischen Anlage erhebt sich die Stadtkirche *St. Jakob in Chemnitz*,[1]) doch ist hier kein wesentlicher Teil aus jener Bauperiode in dem heutigen Bilde mehr erhalten. Der Chor erhielt in den Jahren 1389 und 1395 seine jetzige Gestalt: dreischiffig, die Seitenjoche quadratisch, das Mitteljoch zweimal so breit, zeigt er den üblichen Abschluss in drei Seiten des Achtecks; der Umgang der Seitenschiffe setzt sich aus sieben Seiten des Sechszehnecks zusammen. Die Entstehung des Hauptbaues fällt in das Ende des 15. Jahrhunderts, die dreischiffige Halle ist schon ganz im Sinne der späteren grossen Kirchenbauten des Erzgebirges als Predigtraum mit schlanken Pfeilern, denen hier auch die konkave Einziehung fehlt, und schwerruhenden Gewölben durchgeführt. In eigentüm-

---

[1]) Steche VII. S. 26 ff.

licher Reminiszenz an ein romanisches Motiv werden die Nebenschiffe nach Osten in einem Polygon abgeschlossen. Die wuchtige Mauermasse, die so am Eingang des Chores entsteht, lässt die Verbindung dieses Teiles mit der Halle zu einem einheitlichen Raum schwer aufkommen. Freilich bot der Chor Raum genug, um nötigenfalls allein zu Predigtzwecken verwendet zu werden. Stillose hölzerne Emporen entstellen jetzt das Schiff und nehmen soviel Licht weg, dass über die Wirkung des Raumes als solchen sich nur schwer ein Urteil fällen lässt. Jedoch ist ein handwerksmässiger, nüchterner Zug unverkennbar, der sich z. B. in den künstlerisch

Abb. 58. Johanniskirche in Plauen. (Nach Steche.)

unerträglichen gradseitigen Pfeilern, in dem dürftigen Masswerk der Fenster, in den ausserordentlich breiten, mehr lastenden als tragenden Gewölbrippen ausspricht. Das Motiv der Hallenkirche, bei künstlerischer Behandlung so fruchtbar an lebendigen Schönheiten, ist hier in der Hand eines praktischen Baumeisters nur in seinen unliebenswürdigen Seiten in die Erscheinung getreten: als Raumgebilde immer noch imponierend, als Gotteshaus nichtssagend, fast verfehlt.

Wie die Emporen sich sogar einer Anlage bemächtigen konnten, in der das Schiff deutlich vom Chor getrennt war, zeigt die *Jakobskirche in Ölsnitz*.[1]) Höchst interessant ist hier auch die Komposition des Raumes selbst, die im Anschluss an die beiden schon vorhandenen Türme im Jahre 1488 vor sich ging. Man legte damals den Chor unmittelbar östlich vor die Türme, und fügte mit leiser Biegung der Axe im Westen eine unregelmässig zweischiffige Haupthalle an. So entstand, da man die nördliche und südliche Begrenzungsmauer der Türme nur eine kleine Strecke weiterführte, westlich an den Türmen ein Querschiff. Der Raum zwischen den Türmen konnte als schmälere Fortsetzung des Hauptschiffes erscheinen. Im Jahre 1519 wurden sämtliche inneren Umfassungen mit Ausnahme

---

[1]) Steche X. S. 12 ff.

Abb. 54. Johanniskirche in Plauen.

des Querschiffs mit Emporen versehen. Die Pfeiler, auf denen sie ruhen, sind zum Teil bis zur Hauptwölbung fortgeführt und vertreten hier die Stelle der Gewölbepfeiler, während sie zugleich im Chor und im südlichen Seitenschiff ihre Widerlager an den Innenseiten der Umfassungsmauern finden und also auch als nach innen gezogene, durchbrochene Strebepfeiler erscheinen können. Diese merkwürdige Verwendung eines Baugliedes im zwiefachen Sinne hat formal keinen weiteren Ausgleich erfahren: die Pfeiler sind einfach achtseitig, die Verbindung mit der Wand geschieht höchst ungezwungen durch Umbiegen der drei inneren Seiten des Achtecks im Rundbogen nach der Mauer zu. Die Unregelmässigkeit der ganzen Anlage begünstigt das Auftreten der mannigfachsten perspektivischen Wirkungen, Überschneidungen und Durchblicke. An Stelle der grosswirkenden Erscheinung eines einheitlichen Raumes ist eine mehr gruppierende Behandlungsweise der architektonischen Gebilde getreten. Die klassische Kreuzform mit Querschiff und selbständigem Chor tritt in einer Verzerrung auf, die nur in auffälligen Schwierigkeiten des Baugrundes eine entschuldigende Erklärung finden kann, und auch die neue Verwertung der Emporenpfeiler ist mehr praktisch bedeutsam als künstlerisch richtig.

Der Meister, dem um die Mitte des 15. Jahrhunderts der Wiederaufbau der von den Hussiten 1430 zerstörten *Johanniskirche zu Plauen*[1]) übertragen wurde, fand eine ganz ähnliche Aufgabe vor wie sein Ölsnitzer Genosse. Von dem älteren,

[1]) Steche XI. S. 52 ff.

romanischen Bau standen noch zwei Türme; an diese baute er östlich eine dreischiffige Halle von drei Jochen an, einen fast quadratischen Raum, dem sich ganz im Geiste der in grossen, einfachen Verhältnissen entworfenen Komposition in der Breite des Mittelschiffs ein rechtwinklig geschlossener Chor anfügte. Das Rechteck dieses Chores entspricht in seinen Verhältnissen von Länge und Breite fast genau der grossen Halle. Meines Wissens tritt die Idee, den Chor in seinen Verhältnissen als eine verkleinerte Wiederholung der Halle, des Hauptschiffes zu gestalten, hier zum erstenmal auf. Die optische Wirkung dieser Schöpfung ist jetzt nicht mehr festzustellen, da das Schiff der Kirche durch zwei neuerdings angesetzte Querschiffflügel erweitert ist; sicher ist aber das Bestreben des Meisters, durch gerade Linien und harmonisch durchgebildete Verhältnisse eine künstlerische Wirkung zu erzielen und wir können ihn in dieser Beziehung dem Meister des (später zu besprechenden) Freiberger Doms an die Seite stellen. Könnten wir mit Sicherheit annehmen, dass auch die Ausführung der Emporen schon sein Werk ist, so müssten wir seinen Namen unter den obersächsischen Architekten mit an erster Stelle nennen. Es ist jedoch nicht unmöglich, dass die Emporen bei einer grossen Erneuerung des ganzen Baues, nach einem zweiten Brande im Jahre 1548 eingefügt worden sind. Sie schliessen sich in ihrer Konstruktion denen an, die wir an den Kirchen von *Annaberg*, *Zwickau* u. a. kennen gelernt haben, nur geschieht die Verbindung der einzelnen Emporenjoche durch Öffnungen in den Pfeilern, wie im Chor der Kirche zu *Schneeberg*, und nicht durch Vorbeiführung des Umganges an der Vorderseite der Pfeiler. Wenn sich auch in diesem Bau Schiff und Chor noch völlig als zwei selbständige Faktoren gegenüberstehen, erhebt ihn doch die Klarheit des Grundrisses, die Schönheit der Verhältnisse und die Sicherheit in der Gestaltung der Emporen zu einem beachtenswerten einheitlichen Kunstwerk, und damit steht er in entschiedenem Gegensatz zu der Ölsnitzer Kirche. Hier ein freies Verwerten eines ehrwürdigen Schemas, ein verständnisvolles Hineinziehen neuer Formen, dort ein buntes Aufhäufen der verschiedenartigsten Glieder, ein hastiges Suchen nach Zusammenhalt und haltloses Übertreiben ohne wirklich schöpferische Kraft. Gerade diese beiden Bauwerke können uns lehren, wie auf dem Boden derselben stilistische Vorkenntnisse, vielleicht desselben künstlerischen Strebens, das Ziel, das Erreichte, so verschieden weit von dem Ausgangspunkte, dem Gewollten, entfernt liegen kann.

Die letzten Konsequenzen aus der fortschreitenden Entwicklung der Hallenkirche mit organisch eingefügter Emporenanlage zog der Meister des Baues, der in der Residenz des Fürsten gelegen, wohl am leichtesten von fremden Einflüssen mit hätte berührt werden können: des *Domes zu Freiberg*.[1]) Als solcher hätte er wohl an entscheidender Stelle in dieser Betrachtung mit erwähnt werden müssen; da mir aber die Stellung des Chores in der Entwicklung der spätgotischen Architektur als einer Raumkunst hier wichtiger zu sein scheint als die Entstehung der Emporen, die sich doch wesentlich auf praktische Gründe zurückführen lässt, so schliesse ich ihn erst hier den grossen Denkmälern jener Zeit an. Von der grossen Vergangenheit dieser Kirche giebt uns das erhabenste Beispiel romanischer Plastik, die goldene Pforte, Kunde; der Bau, wie er uns hier beschäftigt und wie er heute sich darstellt, entstand nach einem grossen Brande vom Jahre 1484 und wurde

---

[1]) Steche III. S. 14 ff.

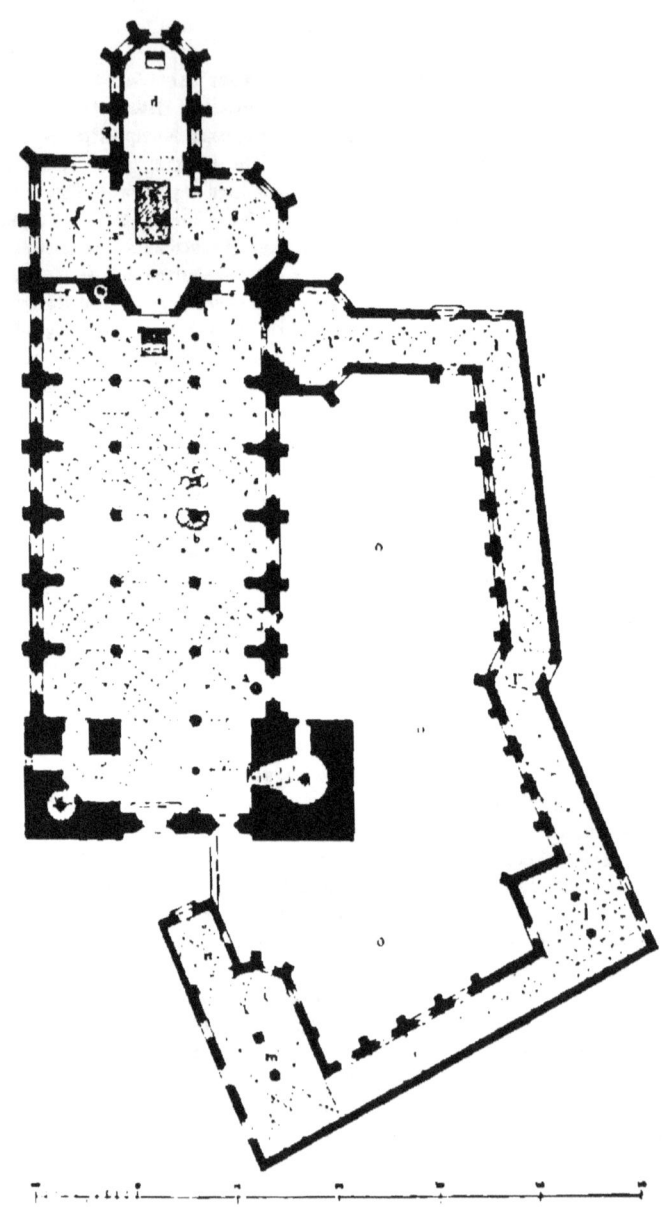

Abb. 55. Dom zu Freiberg. (Nach Stiehl.)

1501 vollendet. Der Chor ist als eigener Raum von dem Schiff abgetrennt und als Grabkapelle der sächsischen Fürsten ausgestaltet: der Triumphbogen ist von den Emporen zum Teil verdeckt, die leere Öffnung wird durch ein grosses Gitter abgeschlossen. Die drei Schiffe der Halle sind fast gleich breit, die Pfeiler zeigen den üblichen Durchschnitt des Achtecks mit konkaven Seiten. Sie sind ausserordentlich schlank gebildet und tragen die zierlichen Netzgewölbe. Die Rippen sitzen an der den Seitenschiffen zugekehrten Seite der Pfeiler tiefer an als im Mittelschiff, obwohl die Höhe aller drei Schiffe dieselbe ist. Die Strebepfeiler sind fast ihrer ganzen Höhe nach ins Innere gezogen und tragen Emporen, die sich in drei Seiten des Achtecks jedesmal um die vorspringenden Punkte herumwinden; sie öffnen sich unten in halbrunden Arkaden gegen die Seitenschiffe. So zieht sich diese Gallerie um den ganzen Raum herum, an der Westseite nimmt sie einen mehr barocken Charakter an und schwingt sich in drei konkaven Bögen gegen das Innere vor, während sie sonst in gleicher Linie mit der Endigung der Strebepfeiler bleibt. Zum erstenmale und damit schon in der vollendetsten Weise ist die konstruktive Berechtigung der Emporen und ihr innerer Zusammenhang mit dem Baukörper glaubwürdig in die Erscheinung getreten. Freilich kommt der Wegfall des Chores hier der ganzen Anlage entgegen, und doch ist dieses Motiv vorbildlich geworden für einen ganzen Kreis grösserer Bauten des Landes. Nirgends auch findet sich die Bedeutung des Raumes als Predigtkirche durch die Stellung der Kanzel so klar ausgedrückt wie hier: die südliche Seite ist, wie gewöhnlich, beibehalten und der mittelste Pfeiler gewählt. Damit ist die Grundidee der centralisierenden Raumgestaltung mit den Erfordernissen des praktischen Gebrauchs in Einklang gebracht. Ein Saal, von vier geraden Wänden umschlossen und mit Hilfe konstruktiv notwendiger Glieder in drei gleichbreite Hallen zerlegt: eine Galerie, die das ganze Innere umläuft und damit eine ideale Horizontalfläche schafft, die wiederum sich fast genau in der Mitte zwischen dem Boden und der Höhe des Gewölbes auspannt, das notwendigste Moment der realen Zweckdienlichkeit dem mathematischen Centrum soweit als möglich nahe gebracht: konnte das Ideal des Centralbaus in den Formen ererbter gotischer Kunst deutlicher lebendig gemacht, konnte das, was die Architektur der italienischen Renaissance als ihr höchstes Ziel, ihre wertvollste Errungenschaft ansah, in greifbarerer Gestalt dem künstlerischen Empfinden deutscher Meister abgerungen werden? Die reine Harmonie der Verhältnisse ist zahlenmässig schwerer nachzuweisen, als sie im unmittelbaren persönlichen Erfassen vom Beschauer empfunden wird. Die lichte Länge des Raumes beträgt fast genau das Doppelte der lichten Höhe, 40,00 m : 20,17 m; ziehen wir von der Breite 22,54 m noch das ab, was schon optisch durch das Vortreten der Pfeiler und Emporen an lichtem Raum verloren geht, so kommen wir auf das Verhältnis: Länge : Breite : Höhe $= 2 : 1 : 1$. Die Kanzel am dritten südlichen Pfeiler scheidet zwei fast quadratische Räume, deren jeder wieder durch die neun Kompartimente die Einheit in der Vielheit in sich trägt. Ob der unbekannte Meister seine Beherrschung der tektonischen Masse und ihre Verwertung zu einheitlicher Raumgestaltung an den Meisterwerken italienischer Architekten studiert hat, muss natürlich dahingestellt bleiben. Die Sicherheit der Komposition in der Beschränkung und Erweiterung der drei Dimensionen des Raumes ist um so mehr zu bewundern, als die Reste der alten romanischen Anlage die Breite des neuen Baues vorschrieben. Es wäre interessant gewesen, zu

Abb. 56. Dom zu Freiberg.

sehen wie ein Künstler, der so selbständig in das architektonische Schaffen jener Zeit eingriff, sich mit dem Problem der Chorgestaltung auseinander gesetzt hätte. Denn auch hier war eine Aufgabe gestellt, deren Lösung mit den Mitteln einer bewussten Verhältniskunst die gesamte Entwicklung noch einmal in reinere Bahnen hätte leiten können. Was im 13. Jahrhundert im Chor des Kölner Domes, im 14. Jahrhundert in der Wiesenkirche zu Soest zur wunderbarsten Verkörperung kam: die Gliederung der Massen im Dienste einer harmonischen Raumschöpfung, hat sich im 15. Jahrhundert an der Freiberger Domkirche noch einmal zu lebendiger Gestalt verwirklicht. Allein auf die Gesetze dieser fundamentalen Auffassung gestützt, konnte die Architektur von dem Boden eines nationalen Geisteslebens aus durch das Medium einer künstlerischen Individualität noch mit ihren Schwesterkünsten Malerei und Plastik als Ausdruck eines universalen Empfindungskreises in die Schranken treten. Die Zeit sollte es erweisen, ob das, was in Italien emporgekeimt war und Früchte trug, auch in Deutschland Wurzel schlagen und zu kraftvoller Entwicklung gedeihen konnte.

*

Immer mehr hatte sich die Tendenz entwickelt, die allgemeine Bedeutung der Predigt zu betonen und so den Kirchenraum auch dadurch zu einem einheitlichen zu machen, dass man die Pfeiler möglichst beschränkte, sie jedenfalls da, wo sie nicht zu vermeiden waren, so dünn als möglich bildete und ihnen jeden Charakter selbständiger Stellung nahm. Die Kunst der Wölbung war verbreitet genug und die Virtuosität der Technik oft so hoch gesteigert, dass die natürliche Aufgabe des Spitzbogengewölbes bald ganz in Vergessenheit kam. Die Spannungen wurden immer weiter und flacher, die schlanken Stützen, die dünnen Wände schienen den Druck kaum aushalten zu können. So lag es nahe, endlich die inneren Pfeiler ganz wegfallen zu lassen, und besonders bei kleineren Bauten die Wölbung direkt von Wand zu Wand zu spannen; gelang das, konnte man auch wieder zu dem beliebten einschiffigen Chor zurückkehren, der sich nun in jeder Breite unmittelbar an den Hauptraum anschliessen durfte. Die Stellung der Emporen war damit auch eine völlig andere geworden. Fungierten sie bis dahin wesentlich nur als Adnexe oder Kompartimente der Seitenschiffe, so war jetzt ihre Bedeutung für den Raum als Ganzes klargestellt. Der Vertikalismus, wie ihn die schlanken Pfeiler noch aussprachen, war endgültig überwunden. Die steten Überschneidungen der Pfeiler mit der in gleichmässiger Ebene sich hinziehenden Emporenbrüstung waren vermieden, die Horizontale, die in der Profilierung der einzelnen Glieder, in der ornamentalen Belebung der Flächen schon lange sich geregt hatte, behielt den Sieg. Frei schweifte der Blick von Wand zu Wand und offen, nur eben durch den einen freien Raum getrennt, lag vor dem Eintretenden der Chor. Was von dem basilikalen Schema in den mehrschiffigen Kirchen sich noch regte, also vor allem die Disposition der Räume und die Rücksicht auf die reichere Erscheinung des Äusseren, war damit endgültig zu Nichte gemacht. Die Einteilung des Inneren konnte einfach im Äusseren keine andere Gestalt annehmen als es hier geschah. Das tektonische Gerüst des Baues identifizierte sich mit seiner körperlichen Form. Ein Weitergehen der Entwicklung auf diesem Gebiete war nicht mehr möglich. Nach endlosen Verirrungen in das Bereich der plastischen Anschauung war hier die Architektur wieder zu ihrem eigenen Schaffensideal zurückgekehrt. Und was diesen Schöpfungen erst ihren vollen Wert verlieh und ihnen ein wirkliches Leben gab: sie erwuchsen in festem Zusammenhalt mit den Forderungen volkstümlicher Kunstanschauung. Nur so können sie auch heute noch ganz verstanden, nur so können sie in der Kette der grossen historischen Entwicklung als Frucht und Wurzel voll gewürdigt werden.

Als zeitlich erstes Beispiel einer einschiffigen Kirche kann die Kirche zu Oederan[1]) angesehen werden; ihre Entstehung fällt nach dem Brande der älteren vom Jahre 1467 wohl noch in das 15. Jahrhundert. Die Halle besteht aus vier Jochen, deren Durchführung im Gewölbe aber nie vollendet worden ist. Der Meister hatte seine Kräfte inbezug auf die Überwölbung des breiten Raumes doch überschätzt: bis auf den heutigen Tag wird der obere Abschluss von einer hölzernen Decke gebildet. Da der Chor in die Ostwand einspringt, mussten die Emporen auf die Längswände beschränkt bleiben. Sie ruhen auf dem eingezogenen kleineren Teil der Strebepfeiler; die Wand über ihnen ist völlig ungegliedert, da sogar der schmale Fortsatz der Pfeiler, wie er sonst die Verbindung mit dem Ansatz der Rippen herstellt, hier fehlt. In den Ecken der Westwand liegen die runden Emporentreppen; an den entsprechenden Stellen der Ostseite ist eine Sakristei und eine Seitenhalle angebaut.

---

[1]) Steche VI. S. 79.

Bei einer derartigen Vereinfachung des Grundrisses, wie sie hier vor sich gegangen ist, blieb selbst für die Kanzel schwer ein passender Platz: sie steht jetzt an der nördlichen Ecke des Choreinganges. Trotz der grossen Schlichtheit des ganzen Raumes, des Mangels fast jeder Zierform, kann man ihm eine ernste, ja künstlerische Wirkung nicht absprechen. Wohl mochten die Mittel, die dem Meister für diesen Bau zur Verfügung standen, die allergeringsten sein: er schuf, was man von ihm verlangte, einen Raum für Predigt und Gebet, und fand damit unbewusst für seine Aufgabe die nach den Gesetzen der Stilentwicklung einzig mögliche Lösung.

Noch weiter geht der Meister, der im Jahre 1513 die Pfarrkirche zu *Ruppertsgrün*[1]) zu bauen bekam: er errichtete einen grossen Saal, aus dem sich der Chor in der Art, wie wir sie ähnlich in *Schneeberg* und *Marienberg* gefunden haben, im Polygon entwickelt, und zwar in drei Seiten des Achtecks. Ein Gewölbe überspannt Schiff und Chor, und nur aus technischen Gründen sind dicht an den Seitenwänden ziemlich in der Mitte von Ost und West zwei freie achtseitige Pfeiler eingestellt. Nur durch sie und wenige Stufen wird der Beginn des Chores markiert. Eine Empore, von Säulen und Stichbögen getragen, umzieht den ganzen Raum, dicht unter ihr an der Ostseite erhebt sich der Altar, die Kanzel legt sich an den südlichen Hauptpfeiler an: nur vier Fenster, unregelmässig verteilt, erhellen das Ganze. So wenig von einer einheitlichen Beleuchtung die Rede sein kann, so weit ist die Verschmelzung von Schiff und Chor gediehen: alle Reminiszenzen an gotischen Grundriss, gotisches Detail sind abgestreift, nur das Gewölbe und die Strebepfeiler aussen lassen noch erkennen, dass die gotische Technik selbst in diesem entlegenen Städtchen noch lebendig war. Und selbst diese scheinbar unentbehrlichsten technischen Faktoren werden im Laufe der Zeit noch abgeworfen. In der Kirche zu *Niederplanitz*[2]) — als Erweiterung eines 1519 entstandenen Baues in den Jahren 1585 bis 1587 errichtet — erweist sich uns der Hauptraum als ein vollständig rechteckiger Saal. Der Chor ist gänzlich verschwunden, die Kanzel befindet sich in der Mitte der Nordwand, eine in regelmässige Felder zerlegte Decke schliesst nach oben ab. Die Urform architektonischer Schöpfung, die einfachen vier Wände mit leiser Betonung der Bewegungsaxe, steht vor uns, und damit in der historischen Entwicklung gleichsam ein indifferentes Glied, von vergangenen und kommenden Erscheinungen gleich unberührt. Denn auch vom Geist der Renaissance spricht in diesem Bau höchstens die Art der Plafondgestaltung. — Ist hier der Chor zu Gunsten einer gradlinig abgeschlossenen Haupthalle schon völlig verschwunden, so dominiert er ebenso völlig in einem Werke aus dem Beginn des 16. Jahrhunderts, der 1518 in den Gewölben vollendeten Kirche zu *Ziegelheim*[3]) im Glauchauer Kreise. Das beinahe quadratische Hauptschiff besteht hier nur aus zwei Jochen, während der Chor deren drei aufweist und ausserdem noch den Abschluss in drei Seiten des Achtecks. Das Schiff hat seine Hauptaxe direkt in die Richtung von Nord und Süd gestellt, allein der Chor hält den Zug nach Osten noch lebendig. In einer Zeit entstanden, wo in der fast centralisierenden Vereinheitlichung des Raumes und der Vermeidung jedes nachdrücklich eine bestimmte Richtung in der Ebene verfolgenden Teiles das

[1]) Steche XII. S. 52.
[2]) Steche XII. S. 45 ff.
[3]) Steche XIII. S. 43.

Ideal des Gotteshauses angestrebt wurde, kann uns diese Anlage wohl befremden; sie zeigt, wie viel selbständige künstlerische Kräfte auch unter den kleineren Baumeistern jener Zeit lebten, und wie man es verstand, selbst in bescheidenem Massstab durch weise Beherrschung der Verhältnisse, hier durch die Kontrastwirkung eines schlanken Chores und kurzen Schiffes, dem alten Stamm gotischer Baukunst noch schmackhafte Früchte abzugewinnen. Mit welcher Freiheit man andererseits das Grundschema einer symmetrischen Anlage zu verlassen wagte, sehen wir an der Kirche zu *Waldenburg:* den einschiffigen, in drei Seiten des Achtecks geschlossenen Raum erweiterte man in der zweiten Hälfte des 16. Jahrhunderts durch ein südliches Seitenschiff, setzte an Stelle der ehemaligen Südfront drei Pfeiler und erhielt dadurch eine zweischiffige Halle mit durchaus unregelmässiger Grundfläche, der nur der Parallelismus der Süd- und Nordwand noch einen festen Halt gab.

In der Kirche zu *Mittweida*[1]) verbindet sich eine ähnliche, wenn auch lange nicht so auffallende Unregelmässigkeit des Grundrisses mit ausserordentlich weiter und selbständiger Behandlung des Chores. Die Art der architektonischen Durchführung und der plastischen Dekoration, vor allem aber die Steinmetzzeichen weisen darauf hin, dass der oder die hier thätigen Meister auch noch an anderer Stelle Beschäftigung gefunden haben: an der *Kunigundenkirche zu Rochlitz*.[2])

Der Chor, nach urkundlichen Zeugnissen 1417 gegründet, steht architektonisch im engsten Zusammenhang mit dem 1476 vollendeten Schiff. Dies erscheint als eine dreischiffige Halle, mehr breit wie lang, da der Pfeilerabstand zwar grösser ist als die Hälfte der Breite des Mittelschiffs, die Breite der Seitenschiffe aber des Mittelschiffs noch nicht einmal zur Hälfte erreicht. Der Chor setzt das Mittelschiff fort und schliesst, nach zwei Schmaljochen, in fünf Seiten des Zehnecks (richtiger sieben Seiten eines aus der Ellipse entstandenen Zwölfecks, da die letzten Abschnitte der Seitenwände den Seiten des eigentlichen Polygons entsprechen und auch in das Sterngewölbe mit hineingenommen sind). Das Schiff als solches vertritt den centralisierenden Trieb, der das konsequent in einer Richtung, nämlich von West nach Ost entwickelte gotische Grundrissschema zu einem nach allen Seiten gleichmässig von einem Mittelpunkte aus beherrschten Organismus umbildete. Die Seitenschiffe, ihrer verminderten Breite nach als Adnexe des Mittelschiffs aus der basilikalen Idee entstanden, sind durch die gleiche Einwölbung in ihrer Selbständigkeit gewahrt geblieben. In der Umgrenzung durch die Hauptmauern ist durch die Stellung der vier Pfeiler ein zweiter, innerster Raum geschaffen worden, der in seinen idealen Wänden den grossen Linien der realen Aussenwände folgt. Die Massen streben nicht in lebendiger Bewegung einem festgesetzten Ziele zu, sondern schliessen sich harmonisch zu einem räumlichen Ganzen zusammen. Kein Glied drängt sich vor, kein Nerv leitet eine innere Erschütterung selbstthätig weiter; nur hier und da verrät ein leises Ausladen des Bogens, eine Schwellung des Gewölbes, dass in dem

---

[1]) Steche XIV. S. 22.
[2]) Steche XIV. S. 61 ff. Die hier von Steche vertretenen Ansichten werden durch den Aufsatz von Pfau: „Arnold von Westfalen und die *Rochlitzer Kunigundenkirche*" im „Neuen Archiv für sächsische Geschichte", 1895, 16. Band vollständig widerlegt.

Abb. 57. Kunigundenkirche zu Rochlitz. (Nach Andreae.)

Bau noch Kraft und Leben schlummert. Zu andächtiger, geduldig harrender Ruhe lād die weite Halle ein, zu frischer, müheloser Bewegung leitet die Öffnung des lichtdurchfluteten Chores vorwärts. Durch diese Gegensätze, die kurze, schwere Halle und den langen, leichten Chor, zu wirkungsvollem Ausdruck einer künstlerischen Vorstellung zu gelangen, mag die Tendenz in dem Schaffen des Meisters gewesen sein. Die den religiösen Reformideen entsprechende Aufgabe, einen für die Predigt und ihrer Gemeinde geeigneten Raum zu konstruieren, verbindet sich mit der streng konservativen Anschauung von der Bedeutung des Chores als der Stätte des Altars und damit des Schauplatzes der hochheiligen gottesdienstlichen Handlungen. Aus diesem Kompromiss heraus bildet sich der Meister seinen Raum nach selbsterfundenen Gesetzen und die edelste Harmonie dringt wie unbewusst in die Materie ein. Was den Raum zu einem selbstsicheren Ganzen macht, was die Breitenausdehnung des Schiffes ohne Härten mit der Tiefenerweiterung des Chores verbindet, ist die Eurythmie der Massen, die Klarheit der inneren Gliederung, die malerische Verteilung von Licht und Schatten. Auch in der Art des Chorabschlusses drücken sich diese Eigenschaften aus. Das Zehneck hält die wohlthuende Mitte zwischen dem Vierzehn- oder Sechszehneck, dessen viele Seiten den

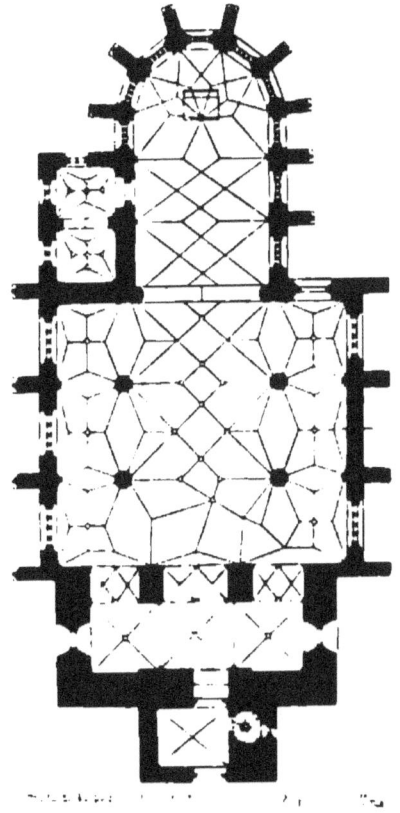

Abb. 58. Kunigundenkirche in Rochlitz. (Nach Steche.)

Überblick erschweren und in ihrer schmalen Höhe kleinlich wirken könnten, und einem Polygon von weniger Seiten, wie dem Achteck, wo bei der weiten Spannung die einzelnen Flächen leicht zu gross ausfallen könnten, und damit eine evidente Stumpfheit und Schwere in das Chorbild käme. Auch in den ornamentalen Gliedern des Baues, in der Profilierung der Rippen, der Bildung des Masswerks u. a. waltet der Sinn für massvolle Grösse; nirgends sind die Grenzen plastischer Schönheit überschritten, nirgends ist das struktiv Glaubwürdige zum virtuos Staunenswerten verkehrt.

Auch die ornamentale Verzierung des Ganzen versäumte man nicht; der volle Apparat gotischer Dekorationskunst in der liebenswürdigen Verwilderung der damaligen Zeit musste herhalten, um dem Äusseren die Gestalt zu geben, die der Bedeutung des Innern entsprach.

Sollte es ein Zufall sein, dass der Grundriss der *Petrikirche*,[1]) die in der-

---

[1]) XIV. S. 58.

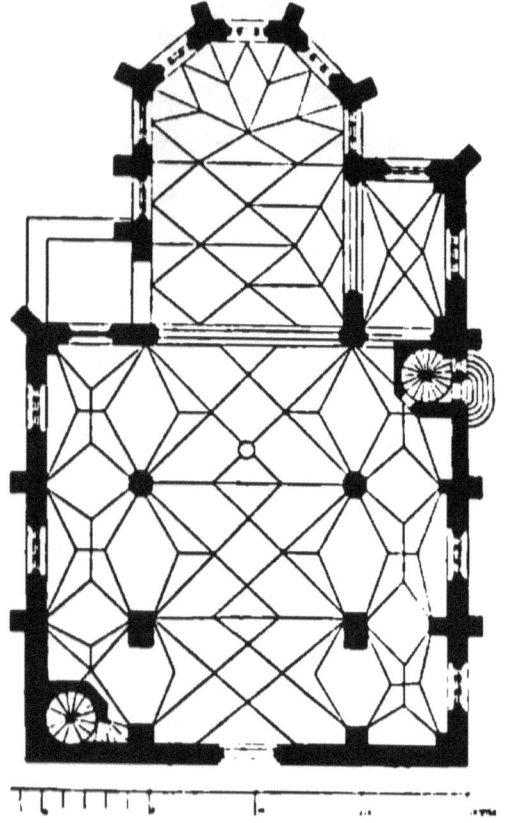

Abb. 50. Petrikirche in Rochlitz. (Nach Mierke.)

selben Stadt 1476 vollendet wurde — der Gesamtbau sogar erst 1499 — genau
dieselbe Gestalt aufweist wie der der *Kunigundenkirche?* Denn die verschiedenartige
Behandlung des Chorpolygons ist hier von untergeordneter Bedeutung. Es ist derselbe Geist, der hier zu uns spricht und der bis in die ornamentalen Einzelheiten
hinein hier ein Gegenstück jenes ersten Baues geschaffen hat. Das Schiff nähert
sich dem Quadrat noch mehr als bei der Kunigundenkirche und im Chor können
wir das Festhalten eines Normalmasses sogar genau nachweisen: die Seite des Achtecks im Abschluss ist in den Seitenwänden gerade dreimal enthalten. Und noch
einen dritten Bau giebt es, der derselben architektonischen Grundidee entsprungen
ist; die Kirche in dem nahen *Seelitz*[1]) weist dasselbe Verhältnis zwischen Schiff
und Chor auf, wie die beiden Rochlitzer Kirchen. Hier ist die ganze Anlage noch
um einen Grad mehr nach der Breitendimension konstruiert; die Wölbung des Schiffes,

---

[1]) XIV. S. 90.

dem dann wohl auch die vier inneren Pfeiler nicht hätten fehlen können, ist nicht
ausgeführt worden. Wenn wir uns erinnern, dass die Kirche zu *Ziegelheim* dieselben
Kompositionsgesetze aufwies und dies Schema auch weiter in den Kirchen von
Niedergräfenhain[1]) und *Frohburg*,[2]) dem Schiff der Kirche zu *Geithain*[3]) und
dem Chor der Kirche zu *Wickershain*[4]) nachweisen können, so müssen wir annehmen, dass der Ruhm der Rochlitzer Schule weit im Lande verbreitet worden ist.

Und damit haben wir die grundlegenden Merkmale gewonnen, die eine Scheidung
der Werke dieses Kreises von den erzgebirgischen Bauten durchführen lassen. In
letzteren herrschte ein starker Zug nach organischer Vereinheitlichung des Raumes,
der Chor musste vor dem übermächtigen Ausweiten der Halle weichen, er flachte
sich immer mehr ab und war endlich nur noch in einem weitgespannten polygonalen
Ostabschluss des Schiffes zu erkennen. Die Emporen entwickelten sich mit deutlicher
Ausprägung des horizontalen Charakters und drangen selbst bis in die Chorpartien
vor, als unmittelbarer Ausdruck eines religiösen Umschwungs, der in der Klarlegung
und Popularisierung aller kirchlichen Handlungen sein Ziel hat. Demzufolge konzen-
triert sich die künstlerische Verkörperung dieser Ideeen im Wesentlichen im Innenraum, die äussere Ausbildung des Gotteshauses wird zu Gunsten der inneren Durchbildung vernachlässigt. Gerade in den neugeschaffenen Städten verkündete sich der
Stolz der mit dem jungen Reichtum prunkenden Bürger in mächtigen sakralen Anlagen, in riesigen Hallen und wuchtig gebauten Türmen. In dem Gebiet, das die
Rochlitzer Schule beherrschte, waren die Reste romanischer Anlagen noch allenthalben zu finden; die Grundmauern eines die Tiefenaxe betonenden Gebäudes mussten
äusserlich wohl manchmal die Anhaltslinien zu dem neuen Kirchenbau bilden. Das
Verlangen nach Reformen auf religiösem, vorläufig wenigstens kultischem Gebiet
erklang nicht so schroff und intensiv wie bei den Bewohnern des Gebirges. Dort
drangen mit der Schaar von Ansiedlern, die auf die Kunde von dem neuentdeckten
Reichtum hin von allen Seiten herbeieilten, die Ideeen der Zeit wohl nicht immer
in ihrer reinsten Form, aber um so lebensvoller und brennender in das Land ein.
Die hussitischen Bewegungen waren noch nicht ganz erstickt. Der schwere Sinn
der Söhne des rauhen Gebirges mochte wohl lange genug fest und zäh das Alt-
hergebrachte bewahren, um dann, wenn die Kluft einmal überschritten war, mit
derselben Ausdauer und demselben Trotz das Neue zuvertreten. Die Bewohner des
flacheren Landes, der sanfteren Thäler blieben von den Strömungen des grossen trei-
benden Lebens länger unberührt. Wohl hatten auch sie erkannt, dass die Predigt der
wertvollste Bestandteil des Gottesdienstes sein müsse, aber noch lebte die Erinnerung
an die Grösse klerikaler Macht und die geheimnisvoll unnahbare Stellung des Altars.
So konnte als würdigstes Gotteshaus ein Gebäude erscheinen, dass die schmalere,
den Altar isolierende Gestalt des Chores mit der weiten, als Versammlungsraum
der Gemeinde und Ort der Predigt gleich geeigneten Halle verband. Das innere
Bild des Kirchenraumes wirkte durch die Harmonie der Verhältnisse, durch die
Gegensätze der Licht- und Schattenverteilung, durch die vollendete Führung der
Linien im Abschluss des Chores und die massvolle Verwertung des ornamentalen
Beirates. Dieser gleichmässig angenehmen, zarteren Behandlungsweise hätte eine
Vernachlässigung des Äusseren widersprochen. Die Fülle eigenartigen plastischen

---

[1]) XV, S. 80. [2]) XV, S. 25. [3]) XV, S. 29. [4]) XV, S. 114.

Schmuckes, den die reife Gotik gezeitigt hat, verteilte sich über die Fläche und gab dem Bau schon von weitem das Gepräge heiterer Pracht. Der gemeinsame Zug, den die Bauten des Erzgebirges wie die Werke der Rochlitzer Schule aufweisen, lässt sich kurz so zusammenfassen: der reiche klassisch, d. h. hier französisch-gotische Grundriss wird vereinfacht; die Höhenausdehnung zu Gunsten einer energischeren, in die Breite gehenden Raumgestaltung beschränkt; durch Verbreitung der Seitenschiffe werden die tragenden Pfeiler isoliert, durch Vergrösserung des Pfeilerabstandes aus der prozessionsartigen rhythmischen Folge losgelöst und zu nur struktiv wertvollen Trägern umgeformt. Die monumentale Durchbildung des konstruktiven Apparates weicht einer ausgleichenden Behandlung der tragenden und getragenen, der aktiv notwendigen und der nur füllenden Glieder. Die Ausgestaltung des Äusseren tritt hinter dem Inneren zurück bis zur völligen Schmucklosigkeit. Die Massen werden nicht mehr entmaterialisiert, sondern ihre materielle Wesenheit wird voll gewürdigt. Sie treten in den Dienst einer räumlichen Vorstellung und ihr starres Beruhn erhält unter dem Drucke der Gesetze räumlicher Gestaltung Trieb und Leben.

Exkurs über die Leipziger Bauten.

Was um die Wende des 15. Jahrhunderts an Kirchenbauten in *Leipzig* entstand trägt in keiner Weise den Charakter einer selbständigen künstlerischen Auffassung. Die *Nicolaikirche*,[1]) 1513—1525 im Anschluss an einen aus dem Beginn des 15. Jahrhunderts stammenden schmalen Chor errichtet, mochte in ihrer Ausdehnung von fünf breiten Jochen imponierend gewirkt haben, bis das Innere klassizistisch umgestaltet wurde. Das Innere der *Thomaskirche*[2]) fällt durch seine ausgesprochene Längenausdehnung auf, die noch verstärkt wird durch den langen schmalen Chor. Auch in ihr ist das Raumbild infolge der Emporen und Ausbauten ein völlig anderes, als es der ursprünglichen Vorstellung des Baumeisters entsprochen haben mag. Die Wirkung des hellen Chorpolygons nach dem dunkeln Langsteil wird durch die Krümmung der Mittelaxe beeinträchtigt.

Die *Paulinerkirche*,[3]) deren Schiff 1485—1488 entstand, verlor 1546 den polygonalen Teil des 1519—1521 errichteten Hauptchores und erscheint jetzt als ein ausserordentlich lang gestreckter, saalartiger Raum, getragen von 19 Pfeilern und bemerkenswert durch die verschiedene Verwendung von Haustein und Ziegelstein. In der *Matthäikirche*[4]) (ursprünglich Barfüsserkirche) bietet sich uns das eigenartige Bild einer zweischiffigen Anlage, entstanden durch den Anbau eines nördlichen Seitenschiffes an einen Mittelbau und den Durchbruch der Zwischenwand zu Pfeilern. Durch das Aufstellen der Kanzel in der Mitte der Südwand wurde der Bau als Predigtkirche, durch die Errichtung eines südlichen Seitenschiffs, lediglich als Träger einer Empore, als Gemeindekirche charakterisiert. Als solche steht sie den centralisierenden Anlagen der erzgebirgischen Gruppe nicht fern. Die Thätigkeit der Leipziger Baumeister dieser Periode zeigt eine deutliche Vorliebe für die Verwendung der Hallenform mit Hervorkehrung der Längsaxe. Auf die äussere Ausstattung dieser Werke ist nur an der *Thomaskirche* Wert gelegt worden. Die *Nicolaikirche*, die grösste von allen, zeigt im Schiff fast genau die Masse der zwei Jahre später begonnenen *Wolfgangskirche zu Schneeberg*.

* * *

[1]) Gurlitt XVII. S. 3 ff. [2]) XVII. S. 40. [3]) XVII. S. 88. [4]) XVII. S. 140.

Das Bedürfnis der Zeit, sich mit dem Kreis der göttlichen Dinge neu auseinanderzusetzen und den Ausdruck persönlichen religiösen Empfindens in neue Form zu kleiden, hatte auch den Werken der Kunst, die aufs engste mit dem Glaubensleben zusammenhing, neue Gestalt gegeben. Die Gotik hatte von innen heraus neue Anregungen empfangen; das Resultat war zwar noch kein in allen Teilen künstlerisch abgeklärtes, aber auch keines, das man mit den Produkten eines stilistischen Verfalls hätte direkt auf eine Stufe stellen können. Anders dort, wo profane Zwecke die Gotik in ihre Dienste nahmen. Der bürgerliche Privatbau vermochte sie nicht zu schöpferischen Leben zu erwecken, die Bedürfnisse des praktischen Lebens konnten sich nicht mit den Forderungen ästhetischer Gestaltung in diesen Stilformen vereinigen. Was auf diesem Gebiete in jener Zeit entstand, trug entweder den Charakter nüchternster Zweckmässigkeit und verwendete die Gotik nur als Bekleidungsform, oder blieb wenigstens ruhig in den Bahnen, die schon im Anfang der ganzen Entwicklung eingeschlagen worden waren. Aber zwischen den erhabenen Stätten göttlicher Verehrung und den schlichten Behausungen der erdgeborenen Menschen hatte von jeher ein Gebiet gelegen, wo Heiliges und Profanes, Hohes und Niedriges gleichsam ineinanderfloss, wo Einfachheit und anspruchslose Zweckdienlichkeit mit ehrfurchterweckender Erscheinung und selbstsicherer Würde innen und aussen sich verschmelzen musste. Der Fürst, der Herr des Landes, musste auch in der Gestalt des Hauses, das ihn barg und von dem aus er seine Hand schützend und strafend über sein Volk hielt, seiner hohen Aufgabe Ausdruck verleihen. Sobald vollends seine Persönlichkeit sich von dem Hintergrund ererbter Machtbefugnisse durch bewusstes Betonen seiner äusseren Stellung frei machte, sobald auch sein Volk in ihm nicht nur den angestammten Träger der Krone sah, dem Gehorsam zu leisten Sitte und Gesetz und die Bedürfnisse einer sicheren Existenz geboten, sondern den Vertreter einer höheren Macht und zugleich den Träger bewunderungs- und liebenswerter menschlicher Eigenschaften, war der Boden geschaffen, um eine selbständige künstlerische Produktion als Ausdruck dieses Anschauungskreises ins Leben treten zu lassen.

Das ausgehende Mittelalter hat uns ein Werk hinterlassen, in dem fürstliches Machtgefühl und Selbstbewusstsein sich wunderbar verkörpert und das zugleich als das Erzeugnis individueller künstlerischer Grösse in jener Zeit einzig in seiner Art war: die *Albrechtsburg zu Meissen*.[1]) Arnold von Westfalen erhielt im Jahre 1471 von den beiden Herrschern der sächsischen Lande, Ernst und Albrecht die Oberleitung aller herzoglichen Bauten übertragen. Die erste und grösste Aufgabe, die ihm hier ward, war der Bau des Schlosses zu Meissen; und, noch ehe er sie, der er das letzte und reichste Dezennium seines Lebens gewidmet hatte, zu Ende führen konnte, starb er, um Pfingsten 1481.

Die wesentlichste Schwierigkeit, die sich dem Meister beim Beginn des Werkes bot, war die Formation des Baugrundes. Die ganze Art der Bodenfläche, ein nach der Elbe zu steil abfallendes Plateau, wies darauf hin, erstens den gegebenen Raum nach Kräften auszunützen, ohne Rücksicht auf asymmetrische Umgrenzungslinien, und zweitens, die frontale Fläche des Gebäudes ihrer verschiedenartigen Bestimmung nach in verschiedene Formen zu kleiden. Nach Norden und Osten, gegen das Thal hin, musste es als wehrhafte Warte, als Burg auftreten, die

---

[1]) Puttrich I. Abteilung, 2. Band. Lieferung 10—12.

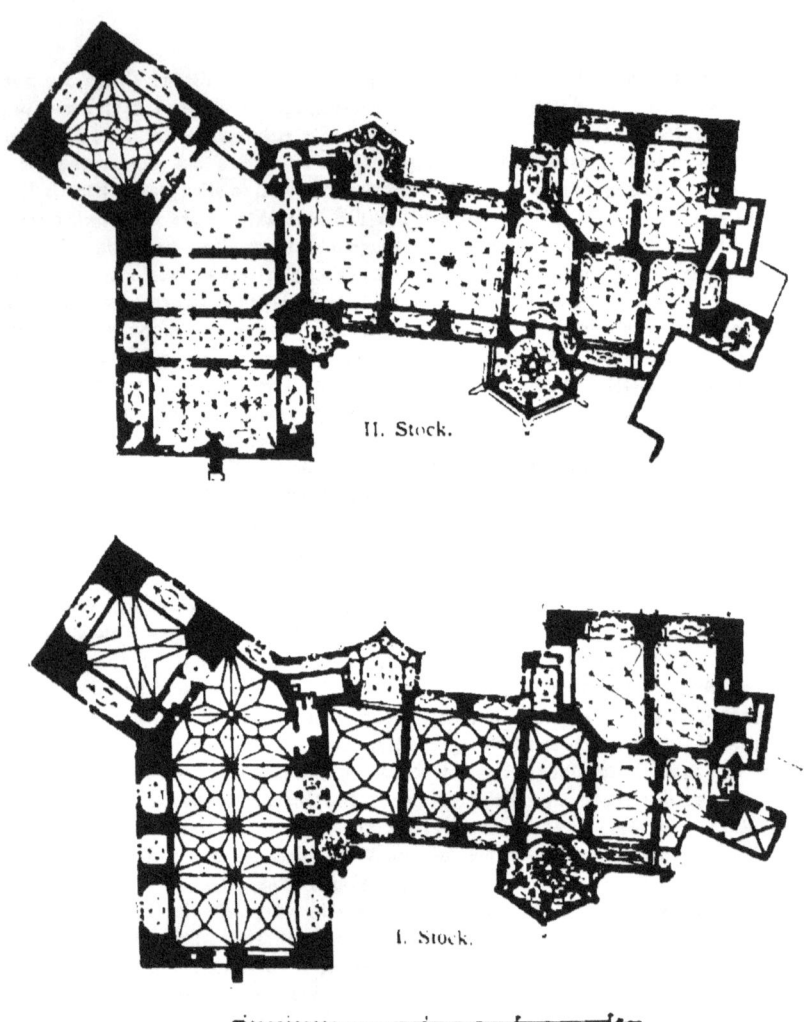

Abb. 60. Albrechtsburg zu Meissen. (Nach Gurlitt.)

Sicherheit der monarchischen Institution gewährleisten und zugleich als Hort von Gesetz und Recht das Gepräge gleichmässiger einheitlicher Vollendung tragen. Nach innen zu, gegen Südwesten, sollte es mehr die persönlichen Beziehungen des Landesvaters zu seinem Volke und im besonderen zu den Bewohnern seiner Residenzstadt vertreten, den Erfordernissen prunkvoller Repräsentation Rechnung tragen und dem alltäglichen wirtschaftlichen Verkehr Mittel und Wege bieten. Trat es nach aussen in seiner architektonischen Erscheinung nur in Konkurrenz mit den beherrschenden

Teilen des Domes, dem Chor und darüber den Türmen, so musste es nach der inneren Fläche zu der ganzen wuchtigen Masse des Schiffes als körperliches Gebilde das Gegengewicht halten, und dem langgestreckten freien Platz, der vor dem den Thorturm Durchschreitenden lag, einen der weiten Ebene entsprechenden Abschluss geben. In dieser Beziehung konnte die vorliegende architektonische Aufgabe als etwas Neues gelten. Nicht eine Umschliessung, wie sie die meisten der isolierten Burgbauten des Mittelalters bildeten, den fortifikatorischen Ansprüchen folgend, und wie sie die Baumeister der Renaissance in Italien aus freierer künstlerischer Intention zum höchsten Ideal ausgestalteten, sondern eben nur einen Abschluss, um nicht zu sagen, Prospekt für die bühnenartig sich öffnende Fläche des Plateaus schuf der Meister hier. Als Coulisse konnte auf der rechten Seite die Langswand des Domes gelten, auf der anderen erstand dann, als Gegengewicht gegen jene wuchtige Masse, ein luftiges, laubenartiges Gebilde, fortgesetzt nach Südwesten von den niedrigen und einfacheren Wirtschaftsgebäuden; zwischen diese beiden, aufs schärfste ausgeprägten Gegensätze schob sich als selbständiges Ganze der neue Prachtbau. Der beste Teil des Plateaus war durch den Dom in Anspruch genommen; wollte man ihn nicht völlig mit in den Grundriss hereinnehmen, blieb für das Schloss nur ein verhältnismässig schmaler Streifen an der Nordseite des Hügels übrig. Die Aufgabe, die dem Baumeister blieb, war somit eine ausserordentlich schwierige und vielseitige, zum Teil eingeengt durch die natürlichen Bedingungen, zum Teil an die Phantasie und das technische Können die höchsten Anforderungen stellend.

Arnold löste sie, indem er die Elemente des bürgerlichen Profanbaues und des adligen Schlosses miteinander verschmolz, die giebelgekrönte Front jener Anlagen dem wuchtigen, schwerfundierten, streng nach aussen sich verschliessenden Baukörper der mittelalterlichen Burg vermählte, und beide Elemente durch feinsinnige Beobachtung der Proportionalitätsgesetze und ein frei erfundenes, eigenartiges, ornamentales Motiv neu belebte. Er vereinigte die durch die mannigfaltige Zweckbestimmung verschieden umfangreichen, durch die asymmetrische Grundfläche verschieden geformten Räume zu einer Gruppe, und liess die Fronten, in denen er die Gliederung des Inneren doch nicht ausdrücken konnte, allein durch den Aufbau der Massen sprechen. Unterstützt wurde er dabei durch seine ungewöhnlichen technischen Kenntnisse, sein feines Gefühl für die Verhältnisse und seine Beherrschung der ornamentalen Verkleidungsformen, die ihn von jeder Überlastung mit plastischen Schmuckteilen zurückhielt. Das erste Stockwerk, über dem hauptsächlich für den Geschäftsverkehr eingerichteten Erdgeschoss, enthielt die Pracht- und Repräsentationssäle; das zweite eine mittlere Halle, von einem Pfeiler getragen, die Appellationsstube, zum gemeinsamen Gebrauch der beiden Fürsten, deren Wohnräume sich dann in dem südlichen kurzen Flügel und in dem östlichen, nach dem Dom zu gerichteten Teil anreihen. Das Charakteristische für die Gestaltung der einzelnen Räume, der Säle sowohl wie der zum privaten Gebrauch bestimmten Zimmer, liegt darin, dass der Meister im allgemeinen einen rechteckigen Grundriss verwendete und die Decken in spitzbogigen Rippengewölben konstruierte (im zweiten und dritten Stockwerk meist in gratigen Backsteingewölben). Dazu mochte ihn einerseits die gewohnheitsmässige Erinnerung an die üblichen Kirchenanlagen bewegen, andrerseits die virtuose Beherrschung der Wölbungskunst, die sich bei den zahlreichen Einzelräumen in den freiesten und reichsten Formen äussern konnte. Nur zweimal tritt die Längenaxe hinter der Höhe zurück, in der mittleren Appellationsstube des zweiten Stockwerks, und in dem quadratischen Vorbau, der nach Norden zu vorspringt und den grossen Wappensaal enthält. Die beiden riesigen Repräsentationssäle des ersten Stockwerks sind je durch drei Mittelpfeiler in zwei Schiffe geteilt; in ihnen feiert die freie Entfaltung des Raumes und die konstruktive Meisterschaft ihres Schöpfers die schönsten Triumphe. Wir können als den einen Grundzug des Baues bezeichnen: das Streben nach Entwicklung der Räume in einer bestimmten Richtung, das Hervortreten der Längenaxe. Damit ist die Beleuchtung auf eine durchgehende Norm gebracht. Mit Ausnahme der beiden grossen Säle sind sämtliche rechteckigen Räume in rechtem Winkel zu der Aussenmauer gestellt, und so ergibt sich für jeden dieser Räume nur ein Fenster an der Schmalseite. Dies musste, um das Innere genügend zu erhellen, möglichst breit angelegt sein, und da die Mauern zu dick waren, um sie in ihrer ganzen Tiefe senkrecht auf die Fläche zu, durch die Öffnung zu durchbrechen, entstanden jene Abschrägungen der Mauer, die dem Geist der gewölbten Hallen so trefflich entsprachen. Die scharfen Kanten und harten, rechtwinkligen Durchschneidungen vermied man, die Vermittlung zwischen der breiten, inneren, und der schmäleren, äusseren Öffnung geschah einfach und zweckmässig. Wenn vollends diese Schräge nicht direkt durchging, sondern in der Mitte noch eine Krümmung aufwies, können wir wohl mit Recht vermuten, dass uns hier eine profane Nachbildung des bekannten polygonartigen Chorschlusses vor Augen steht, die einen bewussten Anschluss an jenes vielgebrauchte Motiv verrät. Und auch in dem grossen westlichen Saal des Hauptgeschosses wirken die Fensteröffnungen mit den Wandnischen ganz ungesucht wie Kapellenreihen, wie sie ein langgestrecktes Kirchenschiff zu begleiten pflegen.

Wohl konnte sich in den weiten Hallen des ersten Geschosses Leben und Bewegung frei entfalten, und die klare Gruppierung der reich gegliederten Pfeiler verbreitete das Gefühl wohlbegründeter Sicherheit und ernster Ruhe. Noch mehr vermochte die Wappenstube mit ihrer einheitlichen Beleuchtung, dem wuchtigen Hervortreten der Mauermasse in den vier Ecken und dem frei, ohne Stütze gespannten Gewölbe, als die reifste Verkörperung eines durchdachten Raumideals erscheinen. Aber in der Hauptmasse der Gemächer, den kleineren Räumen, wo die Persönlichkeit in ihrem Alltagsleben eine Stätte fand, wo die Familie sich zu engerem Verbande zusammenschloss, wehte eine andre Luft. Hier weitet sich nicht der Raum aus, hier erscheint die Wölbung nicht als der notwendige Zusammenschluss der über das Vermögen ihrer vertikalen Standfestigkeit hinaus der Horizontale sich zuneigenden Wandflächen, sondern die Mauern drängen sich wie unter dem Druck einer äusseren Umschnürung zusammen, und das Gewölbe hält mit seinen Rippen die aufstrebenden Begrenzungsflächen wie ängstlich umklammert. Alles strebt nach Luft, Licht und Freiheit, aber nur eine Öffnung stellt die Verbindung mit der Aussenwelt her und jede Regung aufkeimenden inneren Lebens wird unter der Wucht der sich drängenden Massen erstickt. Es bietet sich uns das merkwürdige Schauspiel, dass dort, wo der Raum die tägliche Wohnstätte ist und als solche dem Gefühl innerer Beruhigung in sich selbst genügendem häuslichen Schaffen entgegenkommen sollte, gerade die entgegengesetzte Wirkung erzielt wird: vergeblich versuchen wir in das Gewirr der durcheinanderschiessenden Rippen und Grate des Gewölbes Klarheit zu bringen; der Zug der parallelen Wandflächen treibt uns gleichsam vorwärts, ans Fenster, dem Lichte zu!

Als das Bild eines leidenschaftlichen Strebens, eines hastigen Vorwärtsdrängens in den Bahnen räumlicher Gestaltung, enthüllt sich uns das Innere des *Meissner Schlosses*. Es ist voll von Gegensätzen, von Freiheiten und Unausgeglichenheiten. Bald glauben wir uns in der weiten Halle in das Innere einer Kirche versetzt, bald leitet uns ein schmaler Korridor weiter und höhlenartig öffnet sich vor uns das Gemach. Hier strömt das Licht von drei Seiten in Tageshelle auf uns ein, dort umfängt uns tiefes Dunkel, und erst allmählich klärt uns ein matter Schein, der aus schmaler Fensteröffnung fällt, darüber auf, dass wir noch nicht ganz von der lichten Welt geschieden sind. Die sich stets erneuernde Form der Gewölbe weist auf eine ergiebige Phantasie des Baumeisters hin, und merkwürdig ist der Gegensatz der nüchternen, gedankenarmen Profilierungen, überhaupt der starke Mangel an dekorativem Detail. Dies ganze wirre Konglomerat von Einzelheiten wird von zwei Fassaden eingeschlossen, die an Ruhe und schlichter Selbstverständlichkeit der Gliederung nichts zu wünschen übrig lassen. Die nordöstliche Front erhält nur durch die schweren Stockwerkgesimse und die breiten Vorhangfenster einiges Leben. Die Hoffassade wird beherrscht durch den Treppenturm, den einzigen Träger ornamentalen Details in den Brüstungen der Galerien und den weit vorspringenden Wasserspeiern. Die Fassade selbst wirkt auch hier nur durch die eigenartige Form der Fenster, in der Vertikalismus und Horizontalismus sich zu streiten scheinen, und die hohen Giebel der Dachfenster mit den Kreuzblumen an der Spitze. Von einer organischen Vermittlung zwischen Innenund Aussenbau ist nicht die Rede. Äusserlich tritt das Schloss stolz auf, als Träger eines Willens, eines Zweckes; die innere Einheit ist ihm trotz des individuellen Charakters im Einzelnen gänzlich verloren gegangen.

Was uns von der Hand Arnold's sonst im sächsischen Lande erhalten ist, vermag uns über seine Leistungsfähigkeit nur geringen Aufschluss zu geben. Seit 1470 leitete er den Bau zweier Schlösser, *Kriebstein* und *Rochsburg*.[1]) Die Schlosskapelle in letzterem ist ein einfacher, rechteckiger Raum, mit einem Netzgewölbe gedeckt. Die Schlosskapelle in *Rochlitz*,[2]) deren Errichtung wie die des wuchtigen Thorhauses wohl mit Recht auf Arnold zurückgeführt werden kann, zeichnet sich durch einen eleganten, in drei Seiten des Achtecks geschlossenen Chor aus. Höchst eigenartig ist hier das Masswerk der Fenster gebildet: es ist eine Vereinigung von Spitzbogen und vierteiligen Vorhangbogen, ein charakteristisches Beispiel für die Freiheit, mit der Arnold den ornamentalen Teil seiner Werke behandelte, wie er sich nicht scheute, zwei in der Idee so heterogene Formen, wie den Spitzbogen und den Vorhangbogen miteinander zu verschmelzen. Dass gerade dieser letztere, ursprünglich nur das geistige Eigentum Arnolds, dem ästhetischen Empfinden seiner Zeit durchaus entsprach, beweist die weitverbreitete Verwendung desselben, die wir bis in die westlichen Ausläufer des Erzgebirges verfolgen können. So finden wir ihn an dem Unterbau des Rathauses von *Plauen*,[3]) an dem 1488 von Hans Reynhart erbauten Schlosse *Sachsenburg*[4]) und vor allem an dem Schloss

---

[1]) Steche. XIV. S. 78. [2]) XIV. S. 77. [3]) Steche. XI. S. 60.
[4]) XI. S. 84.

*Netzschkau*¹) in der Nähe von Reichenbach im Voigtland, dessen Neubau sogar noch in der Zeit vor der Gründung des Meissner Schlosses begonnen wurde. Im ganzen begnügte sich der sächsische Adel jener Zeit, sogar der reichbegüterte, mit gewaltigen, aber in den Formen schlichten Wohnsitzen: der Sinn für eine reichere ornamentale Ausstattung der Schlösser war wenig entwickelt. Wir erinnern uns, dass der Adel im ausgehenden 15. Jahrhundert immer mehr seine selbständige Bedeutung verlor und schon in die Bahnen jener Entwicklung einlenkte, die ihn aus einer freien, korporativen Mehrheit zu einem fürstlichen Beamtenstand umbildete. Den Ruhm eines Trägers der universal-weltlichen und damit auch künstlerischen Bildung, den er im Mittelalter besessen hatte, konnte er längst nicht mehr beanspruchen. So erklärt es sich auch, dass die architektonischen Probleme der Zeit durch sein Zuthun keine weitere Förderung erhielten. Die *Albrechtsburg* wird das erhabene Symbol der immer mehr in sich gefestigten territorialen Fürstenmacht; als solche, als Sitz des Landesherrn, steht sie an der Schwelle einer neuen Zeit. Was sie uns künstlerisch wertvoll macht und ihr einen unverrückbaren Platz in der Entwicklungsgeschichte der Architektur zuweist, ist ja auch nicht eigentlich ihre formale Schönheit und das Auftreten neuer dekorativer Gedanken, sondern die durchdachte Verteilung der Massen und die von einer persönlichen Anschauung durchdrungene Beherrschung des Raumes. In diesen Beziehungen reiht sie sich den sakralen Bauten ihrer Zeit, wie wir sie in Obersachsen und besonders im Erzgebirge kennen gelernt haben, würdig an; sie ist die für ihre Zeit vollkommenste Ausprägung eines künstlerischen Problems, das ganz zu lösen auch der reiferen Kraft der Nachwelt nur selten gelungen ist.

Überschauen wir noch einmal den Weg, der uns durch die Geschichte der spätgotischen Baukunst in Sachsen geführt hat. In *Annaberg* ist das Gruppensystem des Chores mit der gleichmässig durchgebildeten Halle verbunden, die vollendetste Lösung der künstlerischen Aufgabe im malerischen Sinne. In *Pirna* kehrt dasselbe wieder, mit eigenartiger Ausbildung des Gewölbes, in *Görlitz* finden wir es sogar auf eine fünfschiffige Anlage verwendet. *Schneeberg* zeigt den Gesamtraum noch mehr vereinheitlicht, den Chor noch stärker abgeflacht; in *Zwickau* ist der Chor bei ähnlicher Grunddisposition des Raumes wieder mehr selbständig und der ganze Bau trägt die reichste dekorative Ausstattung. *Marienberg* endlich zeigt die völlige Ausartung des freiräumigen Bauschemas, mit ganz flachem Chor, und im einzelnen schon von der Renaissance berührter Gliederung. Die Schlosskirche in *Chemnitz* lässt eine neue Abart des Systems erkennen, nicht die Einheitlichkeit, sondern den Gegensatz von Chor und Schiff. Mit der Kirche in *Ölsnitz* treffen wir auf eine Gruppe von Bauten, deren Anlage noch im Zusammenhang mit einem romanischen Grundplan steht: in *Plauen* erscheint der Chor gleichsam als eine verkleinerte Wiederholung der Halle. In *Freiberg* ist bei völligem Ausschluss des Chores in der klaren Einteilung des Raumes nach bestimmten Proportionen und der organischen Verbindung des Baukörpers mit den Emporen die höchste Stufe der Vollendung erreicht. Von den zehn Bauten, an denen so die erzgebirgische Baukunst zu charakterisieren versucht wurde, können der erste, *Annaberg*, der fünfte, *Zwickau*, und der zehnte, *Freiberg* als die bedeutendsten, und jeder als ein künstlerisch

---
¹) XI. S. 41.

selbständiger Vertreter einer bestimmten Ausprägung der architektonischen Grundidee angesehen werden. Die Reduktion des Hauptbaues auf eine einschiffige Anlage im Sinne grösserer Konzentration des Raumes bietet eine Gruppe von Bauten, die wir mit der Kirche von *Oederan* eröffneten; in der Kirche von *Niederplanitz* wird die hier angebahnte Entwicklung völlig konsequent mit der Ausscheidung des Chores selbst abgeschlossen. Die zweischiffige Kirche zu *Mittweida* führt uns zu der *Rochlitzer* Schule hinüber, und in ihrem Hauptwerke der *Kunigundenkirche* ist die Gegenüberstellung von breitem Schiff und Langchor durch die Harmonie der Verhältnisse und die Feinheit der plastischen Dekoration aufs vollendetste zu einer einheitlichen Raumwirkung abgeklärt; die *Petrikirche* derselben Stadt, die Kirche zu *Seelitz* u. a. vertreten die weiteren Verzweigungen des hier aufgestellten Systems. In der *Albrechtsburg* endlich versucht der Meister Arnold von Westfalen seine Ideen einem neuen Zwecke, nämlich dem Ausdruck persönlich-fürstlicher Macht dienstbar zu machen. Er schafft zwar Grosses, aber wir können doch die Überzeugung nicht von der Hand weisen, die sich uns aufdrängt, wenn wir mit der *Albrechtsburg* die Übersicht abschliessen, dass zwar das religiöse Empfinden der neuen Zeit sich in die Formen des spätgotischen Stils, wie er sich nach den genannten Beispielen jetzt darstellt, ohne Mühe einlebte, dass aber die aufkommenden Mächte des politischen Umschwunges nicht mehr mit ihnen auskommen konnten.[1])

* * *

Die Entwicklung, welche die Baukunst der Spätgotik in Sachsen nahm, setzt ungefähr im zweiten Viertel des 15. Jahrhunderts ein, und führt bis tief in das 16. Jahrhundert hinein. Wenn wir den Bauwerken, die wir hier kennen gelernt haben, diejenigen gegenüberstellen, die in jener Zeit auf süddeutschem Boden erwachsen sind, so müssen wir uns bewusst sein, dass die Bedingungen der Entwicklung in beiden Gebieten völlig verschieden waren.

Die sächsische Architektur erstand im 15. Jahrhundert zum erstenmale als eine selbständige Erscheinung innerhalb der politischen Grenzen des Landes. Sie errang sich ihre Erfolge frei aus sich selbst heraus. Vorbilder aus der Blütezeit gotischer Kunst, an denen sie die Gesetze des reinen Stils, die Anforderungen der Technik und den Schatz der ornamentalen Formen hätte erlernen können, waren in ihrer Heimat so gut wie gar nicht vorhanden. Der Dom zu *Meissen*, das einzige kirchliche Bauwerk dieses Stils, dessen Entstehung bis in das 13. Jahrhundert zurückreicht, war seinem Standorte nach zu wenig geeignet, um unter der breiten Menge von Baudenkmälern, die in sächsischen Landen erstehen sollten, als Vorbild eine Rolle zu spielen. In der Periode romanischer Kunst waren zum erstenmal Werke entstanden, die als der freie Ausdruck einer nationalen Eigenart in dem

---

[1]) Der Bedeutung, die Konrad Pfluger für die Entwicklung der Spätgotik in Sachsen gehabt hat, konnte in diesem Zusammenhang nicht eingehender Rechnung getragen werden; sein Name sei aber als der eines der ersten Baumeister jener Zeit hier ausdrücklich genannt.

grossen Kreis ihrer Genossen im nördlichen und mittleren Deutschland eine beachtenswerte Stelle einnehmen konnten. Es war ganz natürlich, dass sich die Bauwerke dort, wo sie in direktem Anschluss an die Reste romanischer Anlagen errichtet werden sollten, eher im Geiste dieser Kunst entwickelten als derjenigen, die, durch das Medium fremder Nationalität und Individualität in ganz spezifische Formen gebannt, nur bruchstückweise ins Land hatte dringen können. Die Verhältnisse des sozialen und kirchlichen Lebens waren wenig dazu angethan, Kirchenbauten grösseren Umfangs erstehen zu lassen. Vielleicht auch mochte der ideale, bewegliche und dabei doch wieder in konsequentestem Vorwärtsgehen auf eine sinnverwirrende, die Momente fast übernatürlichen Schaffens an sich tragende architektonische Wirkung gerichtete Zug der reifen Gotik der schlichteren Eigenart der Sachsen wenig zusagen; mochte dem Grundriss besonders der französischen Vorbilder, so geeignet, so geradezu darauf angewiesen, der Träger eines Phänomens von Pracht und zierlicher Schönheit zu sein, der sächsische Boden zu rauh, zu sehr von der mühseligen Arbeit harter Hände durchwühlt sein. So musste eine Zeit, die innere und äussere Kräfte zu künstlerischer Thätigkeit in sich barg, in diesem Lande ganz besonders charakteristische Werke hervorbringen, Werke, die mehr als in den Ländern einer gleichmässigen Kulturentwicklung den Stempel volkstümlichen Empfindens, traditionsloser Ungebundenheit und persönlicher Eigenart tragen. Dabei konnten natürlich Eigenmächtigkeiten der Formbehandlung, ja Verstösse gegen die wichtigsten inneren Gesetze der festbegründeten stilistischen Ausdrucksweise nicht ausbleiben. Was die sächsischen Meister der Spätgotik aus der Blütezeit des Stils in ihre Werke herübernahmen, war im wesentlichen nur der tektonische Apparat. Und selbst diesen gestalteten sie nach den Bedingungen ihrer persönlichen künstlerischen Ausdrucksweise um.

So selbständig und eigenartig aber auch diese Kunst auftritt, so wird man doch die Behauptung nicht aufrechterhalten können, dass sie ohne jeden Zusammenhang mit der vorangegangenen Periode, mit der Kunst der Nachbarvölker erwachsen sei. Vielmehr wird sich bei der vorangegangenen Betrachtung schon des Mehreren der Gedanke aufgedrängt haben, dass ganz bestimmte Beziehungen zu den gleichzeitigen und früheren Gebieten vorhanden sein müssen.

Wenn wir zuerst die süddeutschen Länder mit dem Erzgebirge in Zusammenhang bringen, so steht fest, dass der Austausch von Kulturelementen gerade hier von Alters her ausserordentlich rege gewesen ist. Es kann kein Zweifel sein, dass in der Zeit, als die Bergwerke im Erzgebirge neu aufgethan wurden, unter den Scharen, die von allen Seiten zu dem neuen Segen herbeiströmten, gerade aus Franken ein besonders starker Einbruch erfolgte. Denn hier, wo der Bergbau schon lange betrieben worden war, fanden sich gewiss am ehesten Arbeiter, die aus den dort erworbenen technischen Fertigkeiten auf dem jungen Goldboden Kapital schlagen konnten, und es musste der Verwaltung in Sachsen auch gerade sehr daran gelegen sein, aus jenem Gebiete Zuzug zu erhalten. An eine derartige Einwanderung knüpften sich dann bequem die Handelsverbindungen an, und damit war dann auch dem Eindringen von Kulturelementen aus dem Süden freie Bahn gebrochen. Der Weg in das sächsische Land konnte ja auch den Franken und den Bayern kein unbekannter mehr sein. Die Verbindung Bayerns mit dem Norden, mit Brandenburg, welche durch den Wittelsbacher Ludwig geschlagen war, schuf ebenso wie die spezielle

Nürnbergs mit Brandenburg durch die Belehnung des Nürnberger Burggrafen Friedrich von Hohenzollern mit der brandenburgischen Kur aus Sachsen ein Durchgangsgebiet, in dem sicher Manches von dem hängen blieb, was so im ausgehenden 14. und beginnenden 15. Jahrhundert seinen Weg nach dem Norden nahm. Es sei hier darauf verzichtet, weiter anzuführen, in welcher Weise die Entwicklung des sächsischen Landes mit Süddeutschland verknüpft war. Der Austausch künstlerischer Errungenschaften wird hinter dem gewerblicher Elemente nicht zurückgeblieben sein, und mit den bautechnischen Lehren, den Geheimnissen, die durch die wandernden Bauleute propagiert wurden, drangen auch die neuen Lehren der künstlerischen Anschauung in das Land ein. Wenn sich auch die norddeutschen Meister auf dem Hüttentag von Torgau 1462 enger zusammenschlossen und zu der süddeutsch-rheinischen Gruppe, die in Regensburg 1459 ihren Hüttentag gehalten hatte, in einen gewissen Gegensatz traten, so bildete sich doch, jemehr man den Eintritt in die Hütten erschwerte, eine immer grössere Menge derer aus, die ausserhalb dieser stunden.[1]) Da sich indes in den folgenden Jahren das Verhältnis der beiden Gebiete zu einander mehr ausglich, und aus Thüringen und Hessen, Sachsen und Meissen eine Menge Einzeichnungen in die Regensburger Ordnung erfolgten, so wird der freie Verkehr zwischen den Hütten auch grösseren Umfang angenommen haben. Die äusseren Beziehungen Sachsens zu Süddeutschland erscheinen also in mehr als einem Punkte gesichert; die Verwandtschaft der künstlerischen Anschauung und der praktischen Gestaltung lehren die Bauwerke selbst.

Es ist schon an verschiedenen Stellen darauf hingewiesen worden, dass die architektonische Grundidee, die zuerst in *Gmünd* aufgetreten ist, das Thema bildet auch für die Entwicklung der Baukunst im Erzgebirge. Die Verschmelzung des Chores mit dem Schiff, die Freiräumigkeit der Verhältnisse findet sich hier wie in *Annaberg*, *Freiberg* und *Zwickau*. Im einzelnen macht sich eine Verwandtschaft der Kirche in *Schneeberg* mit der Georgskirche in *Dinkelsbühl* geltend; hierbei ist nicht nur die analoge Stellung des Pfeilers in der Mitte der Ostwand massgebend, sondern mehr noch die Gleichförmigkeit der künstlerischen Ausarbeitung. Die Georgskirche in *Nördlingen* nimmt in der Baugeschichte des Landes ungefähr dieselbe Stelle ein, wie die Marienkirche zu *Marienberg* in Sachsen; das Prinzip ist hier soweit gesteigert, dass, wie erwähnt, der ästhetische Gesamteindruck schon kein ganz reiner mehr genannt werden kann. Dohme[2]) behauptet geradezu, dass St. Lorenz in *Nürnberg* den Ausgangspunkt bilde für den sächsisch-meissnischen Provinzialismus aus der Zeit von 1450—1530 etwa. Dass gerade der Meister der Zwickauer Kirche in *Nürnberg* studiert haben müsse, scheint mir nicht notwendig, denn ebenda zeigt der seit 1453 neu errichtete Chor nicht die Gestalt des Nürnbergers; am Schiff sind die Streben auch aussen beibehalten, und der Treppenturm (den Dohme als wichtiges Vergleichsglied mit anführt) entstand erst 1510 und ist ein Werk derselben Periode wie der nördliche Choranbau, zu dem er hinaufführt, also kaum von derselben Hand, wie das Schiff selbst. Allerdings tritt in *Nürnberg* zum erstenmale die frei um den Chor führende Galerie auf, und der Emporenbau in Verbindung mit der Hallenform, der in *Annaberg*, *Freiberg* und *Schneeberg* vor-

---

[1]) Gurlitt, Kunst und Künstler am Vorabend der Reformation S. 50.
[2]) Dohme, Geschichte der deutschen Baukunst S. 235.

kommt, hat möglicherweise in jener Anlage sein Vorbild gefunden. Die volle Bedeutung der Emporenanlage für den reformatorischen Kirchenbau erschliesst sich erst, wenn wir die erzgebirgischen Bauten würdigen lernen: die Art und Weise, wie die Empore hier mit dem Raumbild als Ganzem verschmolzen wurde, hätte auch für die weitere Entwicklung des Hallenscheinas in anderen Ländern vorbildlich sein können. Es bleibt späterer Forschung vorbehalten, dem Zusammenhang der spätgotischen Baukunst in Sachsen mit den süddeutschen Denkmälern im Einzelnen genauer nachzugehen.

Schwieriger noch ist der Nachweis direkter Beziehungen der sächsischen Bauten zu denen in Westfalen. Freilich nennt sich der massgebende Künstler der Zeit in Sachsen Arnold „von Westfalen" und wenn wir auch nur eben diesen Namen kennen (die Urkunden haben die Form „Bestveling") und irgend eine Notiz, die den Ursprung dieser Bezeichnung näher erklärt, nicht zu finden war, so kann doch der auf die Eigenart der Baudenkmäler gestützten Vermutung Raum gegeben werden, dass Arnold der faktische Träger eines Einflusses westfälischer Kunstweise auf die sächsische Architektur gewesen ist. Das Eine wohl lässt sich mit einiger Bestimmtheit behaupten: die Vollendung der Technik, die bei Arnold in so auffallender Weise die künstlerische Produktion beeinflusste, kann als eine spezifische Eigenschaft der westfälischen Baukunst angesehen werden. Wenn auch der Versuch, in Detailformen, ornamentalen Zügen u. a. eine positive Verwandtschaft der einzelnen Monumente nachzuweisen, kaum zu nennenswerten Resultaten führen würde, so erscheint es doch nach allem, was die westfälischen Bauwerke im Sinne einer originalen Raumbildung auszeichnet, gewiss: der Faden, der in Westfalen in der letzten Periode des Mittelalters abreisst, wird in Sachsen weitergesponnen: was hier den Schluss einer Entwicklung kennzeichnet, deren Wurzeln sich bis in die Zeiten des romanischen Übergangs verzweigen, kündigt dort einen jungen, lebenskräftigen Trieb an.

Von Süden und Norden, aus Schwaben und Franken einerseits und Westfalen andererseits, lassen sich die Ströme in die sächsischen Lande verfolgen; wie diese schon geographisch die Mitte zwischen jenen beiden Gebieten einnehmen, so erreicht auch die künstlerische Entwicklung in ihnen ihren Central- und Höhepunkt.

Spätgotik und Renaissance.

Es könnte erwünscht erscheinen, auf Grund der durchgehenden Merkmale, die den spätgotischen Bauwerken der besprochenen Gebiete eigen, ein System des Stils, wie es sich als einheitliche Summe formaler Gesetze darstellt, zu entwickeln. Man hat betont, dass die Veränderungen, welche das gotische Bauschema in der zweiten Hälfte des Mittelalters erfahren hat, eine unmittelbare Folge des Umschwungs seien, den der christliche Kultus in dieser Zeit aufweist. Und da sie in der That in einem ganz bestimmten Zusammenhang mit dieser Erscheinung stehen, so sei hier mit ein paar Worten darauf eingegangen.

Dieser Umschwung lässt sich auf die reorganisatorische Thätigkeit der Predigerorden zurückführen. Der Name besagt schon, worin die Bedeutung dieser Korporationen zu suchen ist. An die Stelle des Klerikers trat der dem Laien näherstehende Mönch; er übernahm die notwendigen kirchlichen Leistungen, er setzte statt des ermüdenden liturgischen Apparates in den Mittelpunkt des Gottesdienstes die Predigt. Eine persönliche Verbindung wurde so geschlagen zwischen der Gemeinde und dem Diener Gottes; an jeden Einzelnen wandte sich der Sprecher im Laufe seiner Rede, die meist, ganz impulsiv, der augenblicklichen Eingebung ihre Wirkung verdankte, und jeder Einzelne sah sich genötigt, seine Andacht und Aufmerksamkeit dem einen Gegenstand unterzuordnen. Und selten kam es vor, dass nicht der glaubenseifrige Mönch in die ganz gewöhnlichen Vorgänge des täglichen Lebens hineingriff, und ausgehend von den Sünden des äusseren Daseins, den Zuhörer zu ehrlicher und nachdrücklicher Betrachtung seines moralischen Wandels geradezu zwang. So wurde die Persönlichkeit geweckt und der Wunsch nach persönlichem Erfassen des Übersinnlichen hervorgerufen. Die immer stärker sich regende individualistische Auffassung des göttlichen Prinzips wird durch die Predigt in eine ganz bestimmte Beziehung gebracht mit der Bewegung, die in ihren Reformationsplänen von einem Umsturz des kirchlichen Kultus ausging. Die Erfordernisse für die Umgestaltung der Kirche infolge dieses neuen Motivs: Einheitlichkeit des Raumes, Sichtbarkeit und Hörbarkeit des Predigers in möglichst grossem Umfang, Wegfall der voluminöseren Teile im Innern, Aufgeben der komplizierten Chor- und Kapellenanlage, die für die der Predigt zugewandten Gemeinde keinen Wert mehr hatte, bewirkten allmählich eine durchgreifende Änderung des architektonischen Systems. So wurde aus der gotischen Kathedrale mit ihrem Vertikalismus, der daneben die Längsaxe zu massgebender Bedeutung erhoben hatte, mit ihrer reichgegliederten Choranlage, die dem umständlichen gottesdienstlichen Ritus wie dem übertriebenen Heiligenkult Genüge leistete, die Predigtkirche in Hallenform. Das basilikale Schema erfuhr dadurch eine völlige Umgestaltung. Die niedrigen Seitenschiffe erhoben sich nun zu der gleichen Höhe wie das Mittelschiff, den Anforderungen einer einheitlichen Akustik entsprechend. Ihre Breite richtete sich nach der des dominierenden Hauptschiffes. Sie sollten nicht mehr dazu dienen, den Verkehr der Aus- und Eingehenden zu vermitteln, besonders auch zu den seitwärts sich anlegenden Kapellenreihen Zugang zu verschaffen, sondern ihre Gleichberechtigung als Raum für die rings um die Kanzel sich scharende Gemeinde liess sie nach Höhe und Breite sich neu ausweiten. Die starken Pfeiler verschwanden und machten leichteren Gebilden Platz, die den Blick in die gesamte räumliche Ausdehnung des Schiffes frei machten. Aus der führenden Stellung des gesprochenen Wortes ergab sich ferner die Notwendigkeit, das Verhallen des Tones in den Wölbungen zu vermeiden. So flachte sich die Bogenlinie der Deckengewölbe immer mehr ab, und die Decke wurde zu einer gleichmässigen, von keinen markanten Einschnitten mehr gegliederten Fläche. In Übereinstimmung mit dem so gewonnenen erweiterten Raum erhielt auch der Chor eine andere Gestalt. Er verlor seinen schwerfälligen Mantel von Umgang und Kapellen und schloss sich ohne ausgeprägte Trennungslinie dem Hauptschiff an. Denn die Predigt im Langhaus trat in enge Verbindung mit dem Hochamt im Altarhaus, Gemeinde und Geistlichkeit sollten auch äusserlich als eine feste Einheit auftreten.

Wenn der Innenraum infolge der massgebenden Stellung der Predigt so verändert war, so konnte auch der Aussenbau nicht seine alte Gestalt behalten. Dadurch, dass die Erhöhung des Mittelschiffs fortfiel, dass die Stützen der Wölbung in das Innere hinein verlegt wurden, wurde das komplizierte Strebesystem überflüssig, nur die äusseren Strebepfeiler als Widerlager des Gewölbedruckes blieben bestehen. Besonders fühlbar wurde diese Umgestaltung am Chor: sonst infolge seiner überreichen Raumgruppierung der Sitz eines Labyrinthes von Stützen, Gegenstützen, Strebebögen und Widerlagern, dem das Auge keine klare Disposition mehr abgewinnen konnte, jetzt einfach und ruhig in seiner sichern Rundung, klar sich erhebend als Abschluss einer architektonischen Schöpfung, deren äussere Ansicht den Gesetzen der inneren Bildung immer mehr zu entsprechen begann. Ein Bauwerk, das in dieser Weise den Forderungen des Kultbrauches Rechnung trug, musste immer mehr dem Ideal nachkommen, das man als eine der glücklichsten Verwirklichungen des Renaissancegeistes bezeichnet hat. Indessen wenn auch nicht zu leugnen ist, dass die einzelnen Momente einer derartigen Schöpfung im allgemeinen denen entsprechen, die bei den besprochenen Bauwerken der Spätgotik als hervorstechende Merkmale des neuen Stilcharakters bezeichnet werden konnten, so steht doch auf der andern Seite fest, dass die Gründe des stilistischen Umschwungs zum weitaus grösseren Teil im System und der Entwicklung des Systems selbst zu suchen sind.

Vergegenwärtigen wir uns, in welcher Weise das persönliche Empfinden des Beschauers von dem gotischen Dom aus der Blütezeit des Stiles berührt wurde. Schon das Portal mit seiner nach innen sich abstufenden Wölbung mit der Darstellung der Heilsgeschichten und den Bildern von Heiligen und Märtyrern bereitete den Gläubigen auf die Mysterien des Innern vor. Und wenn er die Pforte durchschritten hatte, that sich die ganze umfassende Macht des verkörperten Gottesreiches vor ihm auf, und schon beim ersten Aufblick strahlte ihm von fern aus dem Chor in dem geheimnisvollen Schimmer der bunten Fenster, dem Halbdunkel der von Kerzen durchglühten, von Weihrauchwolken umhüllten Wölbung der wunderbare

Ausdruck einer erhabenen Machtfülle entgegen. Die Reihe der Pfeiler bot in ihrem gemessenen Wechsel dem suchenden Auge keinen Punkt, wo es mit Befriedigung hätte verweilen können, aber sie wies den Weg zu der Stätte des Allerheiligsten selbst. Noch einmal weitete sich der Raum; rechts und links in den Armen des Kreuzschiffes scharte sich die Gemeinde, in strahlender Lichtfülle öffnete das Gotteshaus gleichsam seine beiden Arme, um alle seine Kinder an sein Herz zu ziehen. Aber erst wenn sich die Tiefe des Chores vor dem Andächtigen aufthat, erst wenn er in der Betrachtung der mannigfaltigen Lichterscheinungen, die aus dem Kranz der Kapellen zusammenströmten, das Gefühl für die mechanische Gebundenheit der ihn umgebenden Materie verlor, wenn sein Blick das Gewirr der allenthalben sich verschlingenden Rippen und Grate vergebens zu enträtseln suchte, konnte er in inbrünstiger Andacht sich ganz der erhabenen Offenbarung göttlicher Grösse, der umfassenden Versinnlichung eines strengen gesetzmässigen Zusammenhalts im Ganzen hingeben. Der aufstrebende Drang der Pfeiler hob ihn empor und in dem Zusammenschliessen aller Glieder, der grossen und kleinen im Scheitel der Decke ward ihm der Glaube neu, dass eine ewige Harmonie, ein fester Wille alle Erscheinungen, alle Wege und Wünsche des Daseins in seiner Hand habe. Aber nicht in starrer Geschlossenheit, die keine Vervollständigung mehr zulässt, erstand dies gewaltige Bild, sondern aus allen Teilen quoll in den buntesten Formen ein stetes Wachsen und Werden, ein kraftvolles Streben nach Grösse und Einheit empor, und gab dem ganzen ungeheuren Organismus das unverkennbare Gepräge starken inneren Lebens. So gingen in dem Gotteshaus gotischen Stils Erregung und Beruhigung, konstruktive Notwendigkeit und phantastisches Ausweiten der Form wundersam Hand in Hand. Längenausdehnung und Höhendimension verbanden sich zu einer Gesamtwirkung, die Verstand und Phantasie in gleicher Weise gefangen nahm. Wenn die kühle Berechnung der unerschütterlichen Gesetzmässigkeit dieses Gebildes ihre Bewunderung nicht versagen konnte, so verlor sich die gläubige Naivität mit ehrfurchtsvollem Entzücken in den Tiefen des unermesslichen Raumes.

Den gläubigen Christen mahnte die geduldige Unterordnung aller konstruktiven Glieder unter die Herrschaft der hochstrebenden Wölbung an das System des Gottesreiches selbst mit seiner allumfassenden, jedes Einzelwesen in dem Einen Geiste sich unterwerfenden und wieder emporhebenden Wundermacht. Gern mochte der geistige Arbeiter des Mittelalters, der an die scharfsinnige und analytisch-konsequente Thätigkeit der scholastischen Deduktion gewöhnt war, mit kundigem Auge verfolgen, wie sich die gotische Kathedrale auf kompliziertem, aber für den Wissenden doch leicht übersehbarem Grundriss, dem scharfgegliederten Bau der scholastischen Doktrin gleich, erhob. Und dem von mystischen Lehren Beeinflussten wieder, der mit einer Art Pantheismus, einem stillen Unendlichkeitssehnen in der Systemlosigkeit das Prinzip seiner Ideenrichtung suchen musste, bot die im Dunkel verschwimmende Tiefe des Raumes, der durch die mannigfaltigste Verschiebung und Verkürzung der überschneidenden Linien und Flächen hervorgerufene perspektivische Eindruck des Unermessbaren, Allumfassenden und so Unfassbaren ein weites Feld zu selbstvergessener, verzehrender Andacht. So wuchs der mittelalterliche Mensch mit dem Kunstwerk zusammen, das die Sprache seines Inneren so wunderbar verstand, so wuchs der Bau seiner Hände selbst unmittelbar aus dem heraus, was die ureigene Entwicklung einer Religion, einer Epoche zum Ausdruck brachte.

So lange die Entwicklung der geistigen Zustände in den Bahnen fortschritt, die in den gekennzeichneten Bewegungen eingeschlagen waren, konnte auch das künstlerische System sich konsequent in gleichmässigem, jener Entwicklung parallelem Fortschritt weiterbilden. Es trat aber ein Zeitpunkt ein, wo die Keime, die in dem gotischen System vorhanden waren, emporschossen, und der alte Stamm so ganz von ihnen umschlossen wurde, bis er selbst, verjüngt, wieder neues Leben bekam.

Das wichtigste Moment in dem Wesen der Gotik, in ihrer strengsten Durchbildung liegt darin, dass sie in der Ausbildung der Höhe bis zu einem Punkte, wo diese Dimension als optisch unermessbar ästhetisch zu einem irrationalen Faktor wird — obwohl sie natürlich in der That fest begrenzt ist — durch die Anweisung auf die Unendlichkeit, die Berührung mit dem Unabsehbaren gleichsam ihren Werken den Charakter des Erhabenen, Überwältigenden giebt, wie ihn kein anderer Stil in dem Masse erreicht hat. Das Operieren mit der Höhendimension beherrscht ja überhaupt das ganze formale und tektonische System der Gotik. Der Spitzbogen selbst, ihr Lebenselement, ist nur der Versuch, zwei Senkrechte zu vereinigen, die von ihrem Vertikalcharakter nur eben soviel aufgeben, als es ihrer Aufgabe nach als Umschliessung einer Fläche nach den Seiten und nach der Höhe hin erforderlich ist. Im Rundbogen entstand eine Einheit der so zusammengefügten Glieder, wenn kein trennendes Horizontalelement den Zusammenstoss der Vertikallinien mit der Kreishälfte markierte. Zwar selbst kein wahrer Vertreter der Horizontalen, konnte er doch im Zusammenhang der ganzen Figur als ein solcher gelten, indem er ohne Absatz die beiden Vertikalen mit einander verband. Der Spitzbogen dagegen enthält immer eine Zweiheit, eine Kompromissbildung mit deutlichem Vertikalcharakter. So erweist er sich auch, wenn er in dreidimensionaler Verwendung, als Spitzbogengewölbe, auftritt. Hier wachsen die Wände in die Höhe, aber sie dienen nur als Bestimmungsformen der Horizontaldimensionen, die Vertikalaxe bleibt scheinbar unbegrenzt. Noch einen Schritt weiter in dieser Auffassung, und wir gelangen zu der Theorie: die Gotik hat eine Dimension gleichsam aus ihrem Kompositionsschema herausgeworfen, indem sie ihr das Mass der menschlichen Beherrschung entzog und es den Bestimmungsmomenten der Breite und Tiefe allein überliess, im Verlauf ihres eigenen Wachstums der Schwesterdimension dieses Mass zuzuerteilen. In diesem Zusammenhang werden die Profilierungen der Pfeiler immer straffer und schärfer, die Kapitelle verschwinden, und die Rippen erscheinen nur noch als die Bestandteile, in die bei dem natürlichen Auflösungsprozess der Pfeiler seine Vertikalkraft verstreut. Schild- und Gurtbögen als zwei entgegengesetzte Konstruktionsteile verschwinden; die Wand, die zwischen den Begrenzungspfeilern des Raumes ausgespannt ist, gleichwie die Gewölbkappen aus sekundären, nicht in dem Stilprinzip mit enthaltenen, praktischen Rücksichten, fällt fast ganz der Fensteröffnung zum Opfer. In dieser herrscht im Kleinen dieselbe Tendenz wie bei dem Bau-Ganzen, nur auf die Fläche projiziert. Schon die Laibungen lösen sich, in ihrem Drang nach oben, in scharfe, selbständig auftretende Grate und Rippen auf. Das Stabwerk folgt dem Zug des umschliessenden Gewändes, schlingt sich vielleicht auf halbem Wege noch einmal zusammen, um mit erneuter Kraft emporzuschiessen, und verliert sich endlich, unfähig, sein Ziel zu erreichen, in phantastischen Windungen und Figuren, die, frei von Anlehnungen an die Formen der lebendigen Natur, nur der Raumwissenschaft ihre Gestalt verdanken. Wollen die Ästhetiker der Architektur ein Bauwerk nur dann als solches gelten lassen, wenn es durch feste Dachkonstruktion die klare Gegenüberstellung von Kraft und Last, tragenden und getragenen Teilen aufweist, so können sie hier zuerst die Haltbarkeit dieser These erproben. Denn man kann hier, will man in dieser Betrachtungsweise konsequent bleiben, nicht mehr sagen: die Pfeiler trugen das Gewölbe, — womit dann obige Forderung erfüllt wäre — sondern die Gewölbkappen schliessen nur die Öffnungen, die notwendigerweise zwischen den Pfeilern und den anderen Repräsentanten des aufstrebenden Dranges, den Rippen, entstehen, zwischen natürlicher Vertikalfläche und abgeleiteter Horizontalebene vermittelnd, gerade so wie die Wände die Zwischenräume der den Raum nach den Seiten abgrenzenden Glieder in absoluter Vertikaleinheit ausfüllen. Der konstruktiven Zusammensetzung nach sind natürlich die Pfeiler die Träger des Gewölbes, (die Kappen können ja nicht frei in der Luft schweben), der Geist des Stils aber weist diese aus dem System heraus, und sie können als eine praktisch begründete, also sekundäre Folgeerscheinung des architektonischen Prinzips nicht in ein solch ebenbürtiges Verhältnis zu den Repräsentanten dieses Prinzips, den Pfeilern, treten, wie es der Ausdruck „Kraft und Last" bezeichnet.

Wenn vollends die Rippen durch charakteristische Bemalung von dem Grund des Gewölbes abgesetzt wurden, wie das vielfach geschah, und zwar demselben Ton genähert wie die Pfeiler, so betonte man damit deutlich die organische Zusammengehörigkeit dieser Teile, und das einfarbige Gewölbe blieb etwas Fremdes, Hinzugefügtes. Erhielt es aber gar einen hellblauen Ton, im Gegensatz zu den dunkeln, bräunlichen Pfeilern, dann war das Prinzip endgültig festgelegt: der Himmel selbst schaute in das Haus herein, das Dach war entmaterialisiert, die Wände, die Pfeiler allein blieben bestehen. So ging die farbige Ausstattung mit dem architektonischen Aufbau Hand in Hand: das fertige Bauwerk vermochte sie ebenso wenig zu missen wie den Schein der seitlich einströmenden Lichtstrahlen. Wenn die Sonne um die Pfeiler spielte, dann verflüchtigte sich immer mehr das körperliche Beruhen der Glieder zu wesenloser Bewegung, die im Drang nach oben von der Materie kaum noch beschwert zu sein schien. Dieser Charakter der Gotik spricht sich um so klarer aus, je weiter diese Entmaterialisierung gediehen ist, je mehr der äussere Ausdruck als Vertreter einer inneren Erregung über das Körperlich-Greifbare, Feste, das Plastische die Oberhand gewonnen hat.

In diesem System, das der einen Dimension des Raumes ihre Bestimmung gleichsam selbst überlässt, ruht auch schon der notwendige Keim einer inneren Umgestaltung. Der psychologische Vorgang, der diesem ganzen Entwicklungsprozess zu Grunde liegt, lässt sich wohl am besten bezeichnen als das Bedürfnis einer Rückkehr zum Menschlich-Natürlichen im Gegensatz zu der transcendentalen Verstiegenheit; es war die Reaktion des gesunden Empfindens auf die abnorm gesteigerte Sensibilität. Der Wunsch nach normaler Orientierung in der wahrnehmbaren Welt beherrschte die gesamte geistige Thätigkeit, er kam auch in dem architektonischen Schaffen immer mehr zur Geltung. Trug der Flug einer freien alles Überirdische erstrebenden Phantasie über die leichten Flächen der Decke hinweg, so verlangte ein klares, nüchtern erwägendes Bewusstsein die Festlegung dieser Raumgrenze um so energischer. Es konnte den auf dem Boden ruhiger Logik sich bewegenden Geist nicht befriedigen, wenn der Raum, in dem sein geheimstes Fühlen Ausdruck finden sollte, nicht sich von der Aussenwelt mit scharfen Grenzen absonderte. Das Gegeneinanderneigen der Wandflächen im Spitzbogengewölbe musste besonders dann, wenn die religiöse Stimmung nicht mehr das objektive Erfassen der umgebenden Welt trübte, beunruhigend wirken. Die Empfindung der durch die fortwährende Kraftanstrengung und Spannung hervorgerufenen tektonischen Unsicherheit all der leicht geschwungenen und gebogenen Glieder trat in dem Profanbau, wo sich die Höhe naturgemäss in absehbaren Grenzen hielt, um so stärker auf, je dichter sich das Gewölbe über dem Haupte des Bewohners zusammenschloss. Gleichwie jede Strömung der horizontalen Grundfläche auf das menschliche Körpergefühl beunruhigend wirkt, so fühlt sich auch das empfindende Subjekt in einer Behausung nicht wohl, die einen ruhigen Abschluss nach oben vermissen lässt. Als solcher ist das Tonnengewölbe, die Ausdehnung des Rundbogens in die Fläche, wohl erträglich, denn es ist von einem Masse beherrscht, sein Mittelpunkt ist leicht zu finden, und es gewährt in seinem gleichmässigen Flusse dem Blick keinen Punkt, wo er zur Trennung der Seitenteile einsetzen könnte. Es ist die vollkommenste, klarste Verbindung zweier Vertikalflächen. In demselben Sinn ist auch die Kalotte, die Kuppel eine vollendete und wohlthuende Form des Raumabschlusses, letztere noch durch Analogie mit dem Himmelsgewölbe psychologisch, und in der Folge auch ethisch dem Menschen nahestehend. Das Spitzbogengewölbe ist viel persönlicher, gleichsam von einer immerwährenden, inneren Bewegung beunruhigt. Das Auge gleitet an den Wänden empor und haftet in seinem Scheitel, wo die Stein gewordene Gebärde ihre höchste Konzentration findet; es kehrt aber nicht beruhigt und befriedigt wieder zum Erdboden zurück, sondern reisst sich stets nur mit einer gewissen Anstrengung los, enttäuscht über den plötzlichen Abbruch des so kühn unternommenen Fluges nach oben. Wenn gar die Decke von einem Netz durcheinanderschiessender und dicht verschlungener Rippen überzogen ist, wird die Verwirrung vollständig, ein harmonisches Ausleben im Raume fast undenkbar.

Das Bewusstsein, dass in diese Formen die neue Weltanschauung sich nicht einleben könnte, trieb die Künstler dazu, das alte System zu dehnen und zu strecken, um auf irgend eine Weise auch dem veränderten Raumgefühl Luft zu machen. Dem kam die gediegene Kenntnis aller technischen Dinge zu Hilfe. Man setzte aber nicht da ein, wo allein der Bann hätte ganz gesprengt werden können, bei dem Prinzip der Wölbung selbst, sondern vermochte nur schrittweise der alten Art die neuen Formen abzugewinnen. Die Wände rücken weit auseinander, der Bogen der Wölbung wird flacher und energieloser, nähert sich immer mehr der horizontalen Fläche. In der Empore wagt man schon, eine reine Horizontalebene als gleichsam provisorischen oberen Abschluss der Wände einzuführen, aber sie bleibt an ihrem Ursprungsort haften, und nur unsere Phantasie ergänzt sie zur vollen Fläche. Sie bedeutet einen wichtigen Fortschritt in dem Streben nach schärfer, selbständiger Raumbedeckung. In der Unterdrückung des ziellosen Vertikaltriebes verfällt man stellenweise in das andere Extrem, der Decke einen Drang nach unten zuzuweisen: die Rippen lösen sich von der Fläche los und hängen in phantastischen Verschlingungen herab. Mochte man aus technischen Gründen genötigt sein, das flache Gewölbe in möglichst viel kleine Kappen zu zerlegen, oder mochte gar die Rippe nur noch als ein ornamentales Glied angesehen werden, das man der Decke anlegte: in beiden Fällen wurde das Stern- oder Netzgewölbe das Resultat. Seine Grundfläche setzte sich zwar noch nicht als eigener Bestandteil von den Wänden ab, brachte aber ihren gegensätzlichen

Charakter immer reiner zum Ausdruck. Mit den Formen, für die noch kein Ersatz gefunden war, ging man dem veränderten Raumideal so weit nach als es nur irgend möglich war. Die Renaissance fand für die künstlerische Idee auch die organische Form. Auf der einen Seite nahm sie das Tonnengewölbe und die Kuppel auf — Motive, die der romanische Stil enthalten hatte und über die das gotische System hinausgewachsen war —, durchdrang sie aber so intensiv mit ihrer jungen Lebenskraft, dass sie als etwas völlig Neues dem alten Schema gegenübertraten. Auf der andern Seite aber, und das scheint mir hier für die Entwicklung der Raumidee noch wichtiger, führte sie die gerade Decke wieder in die monumentale Architektur ein. Sie konnte das leicht, denn die antiken Bauglieder, die sie sich aneignete, vor allem der Pilaster, waren für eine derartige räumliche Ausdrucksweise geschaffen. Und hier liegt die Wurzel der Bedeutung, die sie für die Profankunst hatte: sie komponierte Wohnräume, deren Umschliessungsflächen nach Tiefe, Breite und Höhe sich nicht nur als ebenbürtige Teile zusammenfügten, sondern auch durch ein bestimmtes harmonisches Verhältnis, das allerdings mehr dem natürlichen künstlerischen Feinsinn als logischer Berechnung entsprang, das ästhetische Empfinden des Bewohners befriedigten. Wir haben gesehen, dass sich in der Spätgotik zum Teil gleichfalls schon das Bestreben regte, durch konsequente Anwendung eines Grundmasses eine künstlerische Einheit in den Bau zu bringen; und die Erfoge dieser Bemühungen waren durchaus nicht gering. Ein so wunderbar selbstverständliches und wirkungsvolles Gesetz wie es die Renaissance in der stetigen Proportion besass, war allerdings nur eben in dem System der Renaissance möglich; es ist in dem Erbe der Antike, das sie antrat, der grösste Schatz.[1])

Es sei bei dieser Gelegenheit darauf aufmerksam gemacht, dass es nach der im Vorhergebenden durchgeführten Umbildung des gotischen Raumschemas wohl auch an der Zeit ist, die Verwendung des Begriffs „Halle" im Sinne der gewonnenen Differenzierung der Monumente etwas einzuschränken. Nachdem Dehio und v. Bezold, ausgehend von den frühesten Anfängen der christlichen Architektur, den Ausdruck „Halle" für eine aus dem Basilikaschema hervorgegangene dreischiffige Anlage, deren drei Schiffe dieselbe Höhe besitzen, festgelegt haben, scheint es nicht ratsam, an diese Terminologie mit irgendwelchen Änderungsvorschlägen heranzugehen. Jedoch wird man zugestehen müssen, dass ein Raumgebilde, wie es für die Zeit der Spätgotik charakteristisch wurde, mit einem, das zwei Jahrhunderte früher erstand, schlechterdings nichts mehr gemein hat und also auch kaum mehr denselben kunstgeschichtlichen Terminus tragen kann, selbst dann nicht, wenn die allgemein charakterisierenden Merkmale dieselben sind. Die Entwicklung, welche die Raumidee seit der Gründung der Elisabethkirche in *Marburg* bis zur Erbauung z. B. der Stadtkirche in *Annaberg* durchgemacht hat, ist entscheidend genug, um den gänzlich neuen Raumtypus, der hier vor uns steht, auch mit einem neuen Terminus ausstatten zu dürfen. Es sei demnach gestattet, diejenigen Raumschöpfungen, in denen, bei mehreren Schiffen

---

[1]) Ich leugne nicht, dass selbst das Wenige, was ich über die Anwendung eines festgesetzten Grundmasses in den spätgotischen Bauwerken bemerkt habe, noch auf sehr schwachen Füssen steht, und dass das „Harmonische", das für die Wirkung mancher Räume als charakteristisch mit angeführt wurde, mehr auf dem subjektiven Empfinden als auf strenger Berechnung beruht.

gleicher Höhe, die Dimensionen gleichwertig durchgeführt sind. Im Gegensatz zu dem Longitudinalbau der früheren Perioden, als „Saulkirchen" zu bezeichnen. Das Raumschema, das in *Gmünd* zum erstenmale in reifer Durchbildung auftritt, ist das Erbe, das die „Renaissance" von der „Spätgotik" übernimmt. Das 16. Jahrhundert entwickelt es weiter und das Barock fasst in seinen grossartigsten Raumwirkungen auf derselben künstlerischen Vorstellung, nämlich dem Gedanken von der Einheit und Gleichmässigkeit des Raumes, die in den letzten Jahrhunderten der Gotik das architektonische Schaffen in neue Bahnen lenkte. Die Schlosskapelle in *Versailles*, das Werk Mansarts, steht als Raumkomposition nur auf dem Höhepunkt dieser Entwicklung, die mehr als vier Jahrhunderte umfasst.

Wenn wir versuchen, die Ausprägung des neuen Geistes in künstlerischer Form, wie sie in Italien zum Durchbruch kam, der Entwicklung auf deutschem Boden gegenüberzustellen, so dürfen wir Eines vor allem nicht vergessen: in Italien war die Einheit des nationalen Geistes, des Lebens und der Begeisterung da, trotz aller politischen Spaltungen und partikularen Sonderbildungen. Der Sturmwind der neuen Zeit brauste über das ganze Land; über den Wappen von Venedig und Mailand, Florenz und Rom wehte das Banner der Nation. Und dieser nationale Zug fehlte in den deutschen Landen. Der Norden und der Süden und die vielen kleinen Territorien und Städte traten sich nicht nur politisch als Einzelgebilde gegenüber, sondern auch ihr Fühlen und Denken ging in verschiedene Bahnen. Ihr künstlerisches Schaffen lag in den Banden des grossen gotischen Stils. In Italien hatte die Gotik nie in dem Volksempfinden Wurzel schlagen können: „es ist eine gährende, nirgends ganz harmonische Übergangsepoche".[1]) Das Neue, das kommen musste, hatte leichten Kampf. Bei uns trat ihm eine in Jahrhunderten gefestigte Tradition entgegen, die sich rühmen konnte, einst den künstlerisch höchsten Ausdruck für ein geistiges und sittliches Ideal des Volkes gefunden zu haben. Diese Ideale waren zwar immer mehr verblasst und was sie im Räumlichen versichtbarte, trug jetzt andere Züge, aber die positive Geltung war doch noch eine ganz andere als in Italien. Das ist das Eine: eine Renaissance aus sich selbst heraus wäre für die deutsche Baukunst etwas Ungeheueres gewesen. Die Wiederentdeckung der Natur, die für den Aufschwung der Malerei und Plastik massgebend wurde, konnte für die Kunst von keiner Bedeutung sein, die ihrem Wesen nach aus der Natur nur das Mittel nahm, dessen sie zu einem idealen Zwecke bedurfte; hier konnte die Architektur nur auf Abwege geraten. Das heisst: insofern konnte auch hier das Vorbild der Natur als bestimmend gelten, als die Rückkehr zum menschlichen Maasstab, wie ihn Brunellesco mit der Einführung des Säulenorganismus zur Geltung brachte, ihre Entwicklung beeinflusste, freilich mehr im plastischen als im rein architektonischen Sinne. Dies in demselben Zusammenhang, der in Italien den freien Mann aus einem aristokratischen Gemeinleben heraus, das körperliche Individuum zum Träger des Aufschwungs machte, während der normale Bürger des Nordens, der im demokratischen System aufwuchs, mehr als seelische Persönlichkeit mit starker innerlicher Durchbildung und fortwährendem Anteil des Gemütes der neuen Zeit voranschritt.

Das Grundelement der Epoche, hier wie da, war der wiedererwachte Indivi-

---

[1]) Burckhardt, Geschichte der Renaissance in Italien. 3. Aufl., S. 25.

dualismus. Die Persönlichkeit trat in das künstlerische Schaffen ein, und wie sie den Gestaltungen der Fläche und des Körpers ihren Stempel aufdrückte, so griff sie auch mit fester Hand in die des Raumes ein. Das architektonische System der Zeit konnte sie nicht befriedigen. Ein festes Dach sollte sich über ihrem Haupte ausspannen, wenn sie sich einmal aus der freien Welt in die engen Grenzen eines architektonischen Raumes begab. So entwickelte sich der Stil, noch immer in den ererbten Formen, aber selbständig und, wie sein Schöpfer, persönlich. Seine Formen im einzelnen haben wir schon kennen gelernt: die Decke wird flacher, nähert sich der Horizontalen, die Wände rücken auseinander, die Pfeiler werden schlank, die Fenster breit, das Ganze wird deutlich als Einheit charakterisiert. Vor allem aber strebte das Individuum danach, sich selbst ein Haus zu schaffen, wo sein Eigendasein eine Stätte fand, wo sein künstlerisches Fühlen und sein praktisches Bedürfen befriedigt wurde. Hier besonders waren ruhige Linien, gerade Flächen notwendig, um das Gefühl der Sicherheit und doch der Freiheit rege zu erhalten. Und da versagte die Gotik: mit ihrem System von Vertikalgliedern konnte sie den Eindruck der festen Abgeschlossenheit nie erzielen und die Spitzbogenwölbung, ihr Lebenskern, war psychologisch und praktisch unmöglich. Die geschlossene Kraftanspannung, mit der die Glieder des gotischen Gewölbes emporschiessen, verbot mit Entschiedenheit eine Wiederholung dieses Prozesses: das Gefühl verlangte zum mindesten, dass die gewaltsame Bewegung im Scheitel zur Ruhe gelange. So muss der Stockwerkbau im Gewölbschema als ein Unding erscheinen, abgesehen davon, dass auch technisch, aus Gründen der Raumökonomie, das Aufsetzen einer Fläche auf den Rücken des Spitzbogengewölbes die grössten Schwierigkeiten bietet. Daher ist es gekommen, dass das Spitzbogengewölbe im Grossen nur da angewandt worden ist, wo nicht das Individuum in seinem alltäglichen Dasein, sondern eine abstrakte Idee oder eine unpersönliche Mehrheit den Inhalt des Raumes bilden sollte: in Kirchen, Hallen und Repräsentationssälen. Da, wo es in die Wohnräume hineingezogen ist, wird der Charakter des Zimmers als Stätte des persönlichen Gebrauchs vernichtet. Denn in der Profanarchitektur, wo mehr als auf jedem andern Gebiete die Entwicklung von innen nach aussen vor sich gehen muss, konnte noch viel weniger als im Kirchenbau die äussere Erscheinung den Organismus des Innern wiederspiegeln. Und so ist auch, trotz seiner ungeheueren konstruktiven Vorzüge, das Spitzbogengewölbe völlig aus der weltlichen Baukunst verschwunden. Arnold von Westfalen war der Letzte, der den Versuch wagte, es diesen Zwecken dienstbar zu machen; wer einmal die Zimmer der Albrechtsburg, besonders die des zweiten Stockwerks, durchschritten hat, wird die Unfruchtbarkeit und Unerträglichkeit dieses Systems, das hier im einzelnen genial durchgearbeitet ist, selbst empfunden haben.

Man musste beim Wohnbau dazu kommen, im Kampfe mit der tyrannischen Höhendominante sich ins Breite auszudehnen, im Verzicht auf plastische Geschlossenheit dem Malerischen Thür und Thor zu öffnen. Hier wurde die Renaissance eine wahrhafte Erlösung; sie erst brachte dem Individuum den persönlichen Ausdruck im Räumlichen, der ihm allein entsprach. Dass die Gotik des Privatbaus nicht auf denselben Gesetzen der Raumbildung beruhen konnte wie die des Sakral- und Monumentalbaus, ist einer der ersten Gründe für den Niedergang des ganzen Stils. Der Mensch der neuen Zeit brauchte vor allem ein charakteristisches und zweckmässiges Wohnhaus. Dazu fand er in der Gotik keine Mittel. Sie konnte ihm keine geben, weil sie ihrem innersten Wesen nach nur für Werke idealen Zweckes geschaffen war. Die Profanarchitektur brauchte Flächen, die Gotik gab ihr nur Linien, nur Glieder. In der Renaissance lag die natürliche Kraft, den praktischen Zwecken und dem einfachen künstlerischen Empfinden völlig entsprechende Raumgebilde zu bieten. Daher erklärt sich auch noch heute ihr grosser Einfluss auf die Profanarchitektur, besonders die zum persönlichen Gebrauch bestimmten Wohnbauten.

Fassen wir die Ergebnisse der Untersuchung noch einmal kurz zusammen.

Die Spätgotik läst sich als der Raumstil bezeichnen, der, während er die letzten Konsequenzen aus dem klassischen gotischen System zieht, seiner Raumidee nach schon die Renaissance in sich trägt. Er sucht die Raumbildung der Gotik, die von dem tektonischen Gerüst ausgehend nur die seitlichen Begrenzungsflächen klar charakterisiert, den oberen Abschluss aber nicht selbständig ausdrückt, sondern aus dem Zusammenschluss der vertikalen Glieder und Flächen bilden lässt, dadurch entscheidend umzugestalten, dass er die Decke wieder als eine eigene Flächeneinheit den Seitenwänden gegenübersetzt. Um das zu erreichen, macht er zuerst das Raumgebilde selbst zu einer möglichst gleichmässigen Einheit: die Nebenräume fallen fort oder werden mit den Hauptteilen auf eine Höhe gebracht; das Querschiff verschwindet, der Chor rückt eng an das Schiff heran, verschmilzt mit ihm; die Pfeiler werden schlanker und nichtssagender. Der übermässige Vertikaltrieb der Glieder muss überwunden werden, denn der neue Raumabschluss kann nur eine Ebene sein. So regt sich der Horizontalismus, anfangs in den ornamentalen Teilen, dann deutlich in den Emporen. Die klassische Gotik hatte den Longitudinalbau zur Herrschaft gebracht; die Spätgotik setzt dem einen Drang in die Breite entgegen, der gar nicht energisch genug sein kann, denn der Zug in die Tiefe war immer noch übermächtig. Auch das in dem Bestreben, dem Raum eine gleichmässige Gestalt zu geben, und in dem Bewusstsein, dass der Spitzbogen, an dessen Ruin sie ja schliesslich arbeitete, in dem oblongen Gewölbe seinen natürlichen Verteidiger hatte. War das beseitigt, war die Breite des Raumes wieder der Länge gleichgemacht, dann war auch dem Spitzbogen seine Berechtigung entzogen. So weitet man die Seitenschiffe bis zu Mittelschiffbreite aus, macht den Pfeilerabstand immer grösser, giebt dem Chor die gleiche Gestalt wie dem Langhaus, mit drei gleich hohen Schiffen und flacht den Polygonschluss ab. Wo man soweit nicht zu gehen wagt, wird wenigstens das Langhaus möglichst central angelegt. Diese Züge einer positiven, selbständigen Idee heben sich auch am Äusseren hervor. Die Wände treten frei der Aussenwelt entgegen, unverdeckt von dem struktiven Apparat der früheren Zeit, in gleichmässige Kompartimente zerlegt durch die wuchtig aufragenden Pfeiler. Die Fenster folgen dem ruhigeren, gemesseneren Zug des Ganzen und runden sich sogar wieder nach oben ab; das Erdrückende ihrer gewaltigen Fläche wird durch leichte Querstäbe etwa in halber Höhe gemildert. Der schroffe Gegensatz tragender und getragener, sichernder und nur füllender Glieder schwächt sich ab. Das gotische Hausystem, in den Zeiten der höchsten Ausbildung gleichsam nur Knochen und Sehne, erzeugt sich wieder Fleisch und Haut.

Um den Stil als Ganzes ästhetisch zu charakterisieren, brauchte es ein reiche Skala von Ausdrücken; er tritt hier zaghaft und unsicher, dort trotzig und selbstbewusst auf, bald ist er wuchtig und grosszügig, bald zierlich und intim. Man hat versucht, zwei Hauptcharaktere in ihm zu entdecken: auf der einen Seite das Überladene, Schwülstige, auf der andern das Trockene, Nüchterne. Die erste Bezeichnung scheint mir nur in den wenigsten Fällen zutreffend; man hat sich hier wohl allermeist von der ornamentalen Ausstattung abschrecken lassen, ohne zu dem Kern, dem Raumgebilde selbst, durchzudringen. Der andere Ausdruck hat mehr Berechtigung: allerdings konnte ein Stil, der unter so erschwerenden Verhältnissen seine Existenz behauptete, auf äusseren Schmuck oft wenig Mittel verwenden, und verfiel leichter der Gefahr, trocken, kalt und abstossend zu wirken. Wenn man indess den Geist erkannt hat, der in ihm lebte, wenn man sich die Ziele vergegenwärtigt, denen er entgegenstrebte, wird man ihn leicht mit andern Augen betrachten: das Nüchterne und Trockene wird schlicht und ernst, das Übertriebene und Schwülstige als einem starken, überschäumenden Kraftgefühle entsprungen erscheinen.

Es liegt kein Grund vor, dem architektonischen Stil, wie er auf deutschem Boden in den Jahrhunderten des ausgehenden Mittelalters, in der zweiten Hälfte des vierzehnten und dem fünfzehnten Jahrhundert auftritt, den Namen vorzuenthalten, den er verdient. In seiner ganzen Entwicklung zeigt er einen Drang nach Neuem, eine Selbständigkeit, einen Aufschwung; er *ist* Renaissance, und so dürfen wir ihn nennen.

www.ingramcontent.com/pod-product-compliance
Lightning Source LLC
Chambersburg PA
CBHW020139170426
43199CB00010B/808